AF617506

HISTORIAS BAJO EL MAR

PUNTO DE VISTA EDITORES

PIETRO SPIRITO

HISTORIAS BAJO EL MAR

Traducción de Álida Ares

PUNTO DE VISTA EDITORES

Colección Historia y pensamiento, 50

Título original: *Storie sotto il mare*
© Editori Laterza, 2023
© Del texto, Pietro Spirito, 2023
© De la traducción del italiano, Álida Ares, 2025
© De esta edición, Festina Lente Ediciones, SLU, 2025
Todos los derechos reservados.

Este libro ha sido traducido gracias a la Ayuda a la traducción del Ministerio de Asuntos Exteriores y de la Cooperación italiano.
Questo libro è stato tradotto grazie a un contributo del Ministero degli Affari Esteri e della Cooperazione italiano.

Primera edición: enero, 2025

Publicado por Punto de Vista Editores
C/ Mesón de Paredes, 73
28012 (Madrid, España)
info@puntodevistaeditores.com
puntodevistaeditores.com
@puntodevistaed

Coordinación editorial: Miguel S. Salas
Corrección: Luis Porras Vila
Diseño de cubierta: Ezequiel Cafaro
Fotografía de cubierta: *Buzo*. Placa ilustrada que representa el medio de transporte y exploración del mar. Ilustración de *Il Mondo Illustrato*, un libro educativo para niños de alrededor de 1900. © Fototeca Gilardi

ISBN: 978-84-129012-2-1
Thema: NHTM, JWCK, NKR
Depósito legal: M-301-2025

Impreso en España – *Printed in Spain*

Artes Gráficas Cofás, Móstoles (Madrid)

Este libro ha sido impreso en papel ecológico, cuya materia prima proviene de una gestión forestal sostenible.

Cualquier forma de reproducción, distribución, comunicación pública o transformación de esta obra solo puede ser efectuada con la autorización de los titulares, con excepción prevista por la ley. Diríjase a CEDRO (Centro Español de Derechos Reprográficos) si necesita fotocopiar o escanear algún fragmento de esta obra. www.conlicencia.com

Sumario

«Profesor» —me dijo el capitán— «si no tiene inconveniente, vayamos a establecer exactamente nuestra posición y a fijar el punto de partida de este viaje. Falta un cuarto de hora para el mediodía y ahora emergeremos a la superficie».

JULES VERNE, *Veinte mil leguas de viaje submarino*

1

Criaturas del mar y los abismos

Tal como están las cosas, no me resta mucho de vida. Han pasado ya tres años, pero tarde o temprano dará conmigo y tendré que rendir cuentas. Tal vez hayamos exagerado, yo haya exagerado. Es un hecho indiscutible que el planeta ya no puede soportar nuestro peso. Nos lo repetimos todos los días, tenemos pruebas concretas de ello y, sin embargo, continuamos haciéndonos daño, y al final tendremos que pagar las consecuencias. Además, en mi caso, no se trata solo de eso.

Cada uno de nosotros tiene sus propios defectos, y los míos son precisos y circunstanciados. Como los de los demás, supongo. La cuestión es que tarde o temprano la vida nos pasa factura. Por eso sé que un día, quizá no muy lejano, de un modo u otro él dará conmigo y me las hará pagar.

Me doy cuenta de que hasta cierto punto no es más que una fantasía. Una idea abstracta y obsesiva que me ayuda a aplacar los remordimientos de conciencia. Pero, cuando se trata del mar, de los océanos, del agua y de todo lo que se agita y afecta al mundo de las profundidades, nunca se puede estar seguro de la frontera que separa lo verdadero de lo falso, la realidad del sueño, la ciencia del mito, los hechos de las suposiciones, el sueño de la vigilia.

Alguien que no soy yo me insta a que evoque, recuerde y cuente historias del mundo submarino. Me dice que en el mar, bajo la vasta extensión de agua que cubre la mayor parte del planeta, se refleja el significado de nuestra existencia en la superficie. Y que, cuanto más intentemos penetrar en los secretos de la vida en los abismos, más seremos capaces de reequilibrar los valores y responsabilidades hacia nosotros mismos y hacia el mundo que nos cobija.

Alguien que me liga a mi profesión de periodista desearía escuchar historias de los grandes habitantes de esos abismos, como los tiburones y las ballenas, o los tiburones-ballena. O bien las de aquellos pioneros que por vez primera intentaron explorar el fondo marino, como el anarquista catalán Narcís Monturiol. O las de las intrépidas iniciativas de habitar el mundo sumergido, como la pequeña ciudadela sumergida de la operación Atlántida, o bien las aventuras de los héroes de los abismos reacios a serlo como Raffaele Rossetti. E incluso los misterios de intrigas internacionales como el caso del comandante Lionel Kenneth Philip Crabb, el espía que vino del mar, desapareció y, tal vez, volvió a aparecer. ¡Quién sabe! Intrigas donde la verdad y la mentira van de la mano para recordarnos lo enmarañadas que se pueden volver las relaciones humanas, sobre todo cuando se trata de controlar el mundo.

Así pues, debería evocar y narrar qué huellas han dejado las acciones humanas bajo las aguas de los mares, lagos y ríos, allí donde habitan las sirenas, y qué se siente al penetrar en los oscuros rincones de los océanos y de la Tierra para comprender hasta dónde llega el límite de lo conocido.

Si pudiera, le diría que se fuera a importunar a otra persona. Que yo no soy capaz de hacerlo. Que además no me interesa. Y que tengo otras cosas en qué pensar en este momento: hay un Gran Tiburón Blanco que me está buscando para hacérmelas pagar.

El tiburón

Un buen día el Gran Tiburón Blanco llegará y me atrapará, como el pez vengador de la película de Spielberg, enviado desde las profundidades para castigar los pecados de los hombres en la tierra. Puedo verlo, todavía sigo su inquieto deambular observando casi cada día la trayectoria satelital.

Despacio, sin prisas, por las mañanas, cuando me apetece y cuando mi estado de ánimo lo requiere, observo en la pantalla de mi ordenador a mi Gran Tiburón Blanco acercarse, alejarse, vagar con la flema de las migraciones naturales. La línea roja de su recorrido es como un bordado hecho de arabescos en el mapa del mundo.

Desde hace tres años, en fases alternas, observo su vagabundeo por los mares del mundo. El primer día que lo intercepté, después de obtener la habilitación electrónica, se dirigía hacia Bengasi. Luego, se lo pensó mejor, y viró rumbo a Trípoli, recorriendo durante algunos días las costas de aquellas tierras turbulentas, como si quisiera patrullar el mar observando las calamidades del hombre en aquel rincón del mundo.

De tanto en tanto el contacto con el satélite se interrumpía, y aún se sigue interrumpiendo, y entonces el trazado de su vagabundeo se detiene en un punto y no se mueve de allí. Pero sé bien que, en realidad, Aletarrota nunca se detiene. Y aunque ahora vea que está lejos, en el océano, tarde o temprano atravesará de nuevo el estrecho de Gibraltar, subirá por el Mediterráneo y entrará por el corto corredor del Adriático en dirección noreste, como ha hecho ya en el pasado, para venir a sacarme de mi escondrijo aquí arriba, en las aguas del golfo de Trieste.

Conozco al tiburón Aletarrota y él me conoce a mí. Nos encontramos por primera vez en la primavera de 2010 en aguas de Sudáfrica, en Gansbaai, un pintoresco pueblo de pescadores en el extremo del continente, donde se juntan el Atlántico y el Índico.

Participaba en mi primera expedición científica con el Centro de Estudios de Tiburones de Massa Marittima, el instituto de investigación privado que organiza exploraciones en todos los mares para estudiar las más grandes especies de elasmobranquios en su entorno natural.

Sumergido en la jaula de protección, participaba en el trabajo de observación y grabación videofotográfica rodeado de varios ejemplares de grandes tiburones blancos atraídos por el cebo alrededor de nuestra motonave, la Barracuda del Shark Diving Unlimited, en medio del corredor del Shark Alley, un estrecho brazo de mar entre dos islotes, considerado uno de los lugares más poblados de los océanos. Se trata de un área circunscrita, donde desde tiempos inmemoriales se ceban centenares de tiburones blancos cazando a los apetitosos, malolientes y ruidosos leones marinos que se amontonan en las rocas circundantes.

Y fue allí, de pronto, después de haber filmado el paso de un joven macho con la cámara analógica submarina, cuando apareció Aletarrota. Se materializó en las profundidades verde botella del mar desfilando sinuosamente frente a los barrotes de la jaula de observación en la que estaba sumergido. Un ejemplar hembra de al menos cuatro metros de longitud, un individuo ya registrado, catalogado en la base de datos del Centro de Estudios de Tiburones con el cariñoso sobrenombre de Aletarrota, en realidad aleta truncada, por el hecho de tener la aleta dorsal cercenada en la parte superior con una cicatriz dentada grabada en forma de V, como resultado de quién sabe qué accidente o furibunda pelea submarina.

Ya había oído hablar de él durante las sesiones informativas preparatorias de los investigadores del grupo, y su inconfundible aleta dorsal cicatrizada había aparecido en la pantalla del ordenador donde estábamos analizando los datos junto con otras diapositivas que identificaban especímenes presentes en Shark Alley.

Y ahora helo aquí o, mejor dicho, hela aquí, a Aletarrota, frente a mi máscara de buceo: ella fuera de la jaula, en su hábitat del vasto océano, nadando circunspecta con una cautelosa danza depredadora frente a la estructura metálica protectora; y yo, tras las rejas, como un galeote condenado a mis humanas limitaciones, huésped no deseado del mar.

Apagué la cámara encantado por aquel espectáculo. Aletarrota aún dio un par de pases por delante de la jaula, luego se giró y desapareció en la distancia como un fantasma. Pensé que la había perdido. Pero no había pasado ni un minuto cuando reapareció por la izquierda, inesperadamente, implacable, y pasó tan cerca de la jaula que hubiera podido rozarla con un dedo.

Durante unos instantes muy largos nuestras miradas se cruzaron. El enorme tiburón me observó con su ojo derecho oscuro como el abismo, y en aquel momento sentí la alarmante y atávica sensación de ser absorbido hacia la oscura dimensión del tiempo profundo.[1] Fue como caer en una vorágine sin escapatoria, silenciosa y envolvente, una puerta abierta de par en par hacia una perspectiva insondable, casi inconcebible.

Reflejado como en un espejo mágico en aquella pupila de color azul intenso, me vi tal como era, tan solo un frágil bípedo, un capricho de la evolución, una peligrosa anomalía de este planeta. Y durante aquel instante interminable me pareció leer en la expresión prehistórica del animal una especie de advertencia, o promesa, o amenaza: nos volveremos a ver, amigo, me decía Aletarrota, eres tú el extraterrestre. Se comunicaba con el lenguaje silencioso de un superviviente de muchas extinciones masivas.

1 El «tiempo profundo» es el término utilizado en geología para definir la enorme duración temporal de las transformaciones naturales, como la creación de cadenas montañosas, que requieren elaborados procesos que se prolongan en un arco temporal amplísimo. [N. de la T.]

Este es mi océano, parecía decirme, no puedes quedarte aquí, porque el océano no es inagotable y no puede aguantar todo. Nosotros nos estamos extinguiendo por culpa vuestra. Y, cuando ya no estemos aquí, todo el equilibrio marino se desmoronará y los primeros en pagar las consecuencias seréis vosotros, los humanos.

Envuelto en el traje de neopreno, dentro de la jaula, con la máscara empañada ahora por la emoción, sentí un escalofrío. No era de miedo. Cualquiera que haya tenido contacto cercano con tiburones sabe que a estos depredadores les importan bien poco los humanos. No somos su comida favorita. Mi ataque de angustia era por otro motivo: aquello era como un acto despiadado de revelación de mis debilidades, como si aquel enorme pez de dientes mortalmente afilados me hubiera arrancado los velos de la hipocresía, de la mentira, de la exculpación.

A pesar de las barras de acero de la jaula, estaba desnudo y expuesto a una verdad que tenía cuatrocientos millones de años, tal es la edad de la aparición de los tiburones en el planeta. ¿Cómo no darle la razón? Solo los imbéciles no advierten los procesos autodestructivos que no logramos o no queremos detener. Además, el mensaje abismal de Aletarrota tocaba las fibras más profundas de la conciencia. Las del género humano en su complejidad, ciertamente; pero también las mías, sea como representante de la especie, sea como individuo único e irrepetible que llega a la tierra para dar curso a un destino siempre en vilo entre el bien y el mal, como el de todos. La mirada del depredador había penetrado hasta lo más recóndito de mi alma sucia.

Después de aquel último pase cercano, Aletarrota desapareció de la perspectiva profunda y luminiscente del mar de Shark Alley y ya no se dejó ver en los días restantes de la expedición en Sudáfrica.

Hasta que, hace tres años, en la primavera de 2020, en pleno confinamiento, mientras estaba recluido en casa asediado por la pandemia de covid-19, como el resto del mundo, después de muchos años, volví a verla.

Trabajaba tranquilamente en la recopilación de material con vistas a un futuro artículo informativo para *La Rivista della Natura* sobre la colonia de tiburones grises que orbitan en torno a la isla de Lampione, en Lampedusa, objetivo de una expedición científica del Shark Study Center en aquellas aguas, prevista para el verano siguiente si la pandemia lo permitía. Navegando por la red en busca de datos genéricos sobre la situación de los elasmobranquios del Mediterráneo, encontré la web del Ocean Club, una empresa o asociación o grupo que financia y recauda fondos para la protección del ambiente marino mediante la fórmula de «adopción a distancia».

Comprando por una modesta suma una pulsera determinada, conectada a una aplicación, se podía adoptar virtualmente un ejemplar de una especie en peligro de extinción o que había sido rescatado por alguna circunstancia. En particular tortugas, tiburones, osos polares, delfines y ballenas. Una vez adoptado el animal, gracias a un marcador satelital, existía la posibilidad de seguir virtualmente a distancia sus movimientos sentado cómodamente frente a la pantalla de un ordenador o teléfono móvil.

Respecto a los tiburones, por ejemplo, una nota informativa en el sitio web del Ocean Club dirigida a los posibles interesados explicaba: «Tan pronto como los tiburones rescatados están listos para ser liberados en el mar, nuestros socios colocan en sus aletas un pequeño dispositivo GPS, inofensivo y no dañino, para que podamos rastrear su recuperación y prevenir la caza furtiva. ¡Tú también podrás seguir el apasionante día a día del tiburón que has apadrinado!». La página web también prometía fotografías de los especímenes que se adoptaran, siempre que estuvieran disponibles.

Entonces fui a ver el catálogo de los tiburones. Había cuatro o cinco individuos disponibles para la adopción a larga distancia, incluidos tiburones mako y tiburones blancos. Y, de pronto, allí estaba ella, Aletarrota. La reconocí al instante. La fotografía mostraba la aleta dorsal, era una imagen que había sido tomada, evidentemente, justo después de la aplicación del dispositivo GPS para seguir sus movimientos. Era probable que la operación se hubiera realizado durante un viaje de observación en una jaula protectora, ya que era difícil creer que el detector electrónico se hubiera aplicado tras una situación peligrosa para el depredador. En cualquier caso, reconocí con certeza la lesión curada en forma de V en la aleta, confirmada por la ficha de presentación del animal, que se ofrecía bajo el nombre de Rebeca.

«Rebeca —se leía en la ficha— es un tiburón blanco (una especie en peligro de extinción) que navega por el golfo de Sidra desde que le colocaron el rastreador GPS en noviembre de 2019».

«El golfo de Sidra —continuaba la ficha informativa de la web del Ocean Club— le ofrece un coto de caza ideal con temperaturas agradables y un litoral rico en presas. Pero al mismo tiempo puede ser un entorno hostil debido a la sobrepesca que se practica en aquellas aguas. A pesar de ello, Rebeca tendría mucha suerte si encontrara a un compañero que quisiera seguirla por estas aguas». «Rebeca —también se leía en la página— nos ofrece información valiosa sobre el movimiento de los tiburones blancos. Y aún le quedan por delante muchos buenos años que vivir».

A continuación, la foto de la aleta y la nota sinóptica:

> Especie: tiburón Blanco (*Carcharodon carcharias*)
> Género: hembra
> Nombre: Rebeca
> Longitud: 4 metros
> Signos distintivos: gran cicatriz en la aleta dorsal

Era ella, sin duda. Pero ¿qué hacía Rebeca/Aletarrota en el golfo de Sidra? En todo el mundo, según se ha calculado, existen entre 7500 y 9000 ejemplares de grandes tiburones blancos. Es una especie cosmopolita que puede vivir más de setenta años y a la que le gusta viajar, pero también pasa largas temporadas en una zona determinada. Estudios recientes han demostrado que estos depredadores son capaces de realizar migraciones oceánicas de largo alcance. Precisamente el uso de marcadores electrónicos satelitales en algunos ejemplares frente a las costas de Sudáfrica y la costa oeste de Estados Unidos ha demostrado que los tiburones blancos pueden atravesar las cuencas oceánicas o remontar las costas continentales y utilizar hábitats pelágicos durante meses. Así que era más que probable que, desde que nos habíamos separado diez años antes en las turbulentas aguas de Gansbaai, Aletarrota hubiera decidido despedirse de sus compañeros y vagar hasta llegar al sur del Mediterráneo. Pero ¿por dónde? Tal vez bordeando la costa occidental de África y pasando por el estrecho de Gibraltar. ¿Era eso posible? Evidentemente sí lo era. Pero ¿por qué no hacer como muchos otros de sus compañeros y cruzar el océano Atlántico para ir a visitar a sus parientes en las costas occidentales o incluso orientales de los Estados Unidos?

La idea de que Aletarrota me estaba buscando y de que estaba allí para entrar en el momento oportuno al corredor del Adriático y venir a mi encuentro fue tomando forma lentamente en algún rincón de mi cerebro mientras realizaba en el ordenador los trámites para comprar el brazalete y adoptar a Rebeca.

La obsesión, según los diccionarios, es un fenómeno patológico que se manifiesta con la aparición de una idea o de cualquier representación mental, una idea omnipresente que, acompañada de un sentimiento de ansiedad, se le impone al sujeto de forma irreprimible y lo impulsa a realizar determinados actos, a abstenerse de hacer otros o a obstinarse con determinados pensamientos.

El amor, por ejemplo, es una obsesión que nos lleva a realizar determinados actos o a abstenernos de hacerlos o a obcecarnos con pensamientos fijos. Y muchas veces la obsesión, como el amor, tiene una función compensatoria: nos ofrece un ancla en momentos de desorientación o confusión, o cuando la situación personal o general impone una asunción de responsabilidades o de compromiso que parece que supera nuestras posibilidades. En esos momentos una idea obsesiva puede convertirse en un cómodo refugio, una digresión útil para poner orden en el caos. Hay quienes se convencen de que la Tierra es plana, por ejemplo, o de que el hombre nunca ha pisado la Luna, o de que detrás de la realidad vivida se esconden conspiraciones planetarias en virtud de las cuales unos pocos explotan a muchos —como de hecho sucede—, así que mejor ser o parecer víctimas que asumir la responsabilidad de frenar esos poderes incontrolables o la inevitable entropía del mundo.

Hay quien, en cambio, se refugia en el amor, o en lo que imagina que puede ser el amor, una especie de afecto morboso lanzado como una flecha hacia objetivos imposibles, actores o personajes famosos, o tal vez hacia alguien —hombre o mujer— apenas entrevisto o conocido. Sujetos que, con toda probabilidad, no es factible que entren en nuestra esfera cotidiana y emocional; y que, sin embargo, en esos momentos de confusión y angustia parecen estar ahí precisamente para ofrecernos un refugio seguro a nuestros naufragios, en virtud de quién sabe qué supuestos. Los caminos del inconsciente son infinitos y el funcionamiento de nuestro cerebro, especialmente cuando se confabula con el corazón, sigue siendo un enigma difícil de resolver.

Por ello, en aquellos primeros días de confinamiento impuesto por la pandemia global, se luchaba contra una inesperada soledad y contra la catastrófica conciencia, compartida con el resto de la población mundial, de que el virus, aunque quizás fuera el resultado de un error humano, no era el primero y no sería ciertamente el último en socavar nuestra especie —sin contar las guerras, los cambios climáticos y otras desgracias diversas—, y en aquellos tristes días maduré la absurda certeza de que un enorme pez depredador navegaba por los meridianos terrestres para venir a saldar las cuentas de mis culpas. Tanto las generales, por así decir, las inherentes al hecho de ser humano y por tanto culpable de haber sido expulsado del paraíso terrenal haciendo de la Naturaleza un recurso al que expoliar sin límites, como las específicas, por haber sembrado dolor y sufrimiento entre mis semejantes, culpable de haberme dejado seducir por las sirenas del insidioso mar, acabando en los escollos de la mentira, de las traiciones, de la general inadecuación a la vida.

Las sirenas, precisamente. He conocido a las hadas del agua y su voz resuena todavía en alguna parte dentro de mí. Es una historia de hace algunos años, y es la primera historia del mundo submarino que le contaré a ese alguien que no soy yo.

Las cuevas respiran, las cavidades naturales, e incluso artificiales, tienen su propia voz. La geografía del vacío forma un conjunto de cajas de resonancia donde el silencio nunca es absoluto. Es una experiencia común a todo espeleólogo o excursionista del mundo subterráneo y es, si se quiere, uno de los aspectos menos apreciados o buscados, una parte considerada accesoria dentro del cúmulo de sensaciones que nos acompañan en las visitas y exploraciones al mundo hipogeo.

Pero la gruta de Foran des Aganis,[2] en la ladera del monte Piccat, que se eleva sobre Torreano, en la provincia de Udine, en la región del Friul-Venecia Julia, constituye una excepción. Cualquiera que haya estado allí lo sabe, ha oído las voces de las Aganas, ese particular trino coral de jóvenes irreverentes que parecen haberla tomado precisamente con uno, que se mofan del individuo que chapotea en el agua entre un lago helado y un estrecho meandro inundado, y que se repiten en su inagotable conciliábulo de forma casi hipnótica. Es un sonido continuo y modulado, y uno no puede evitar pensar en el canto de las sirenas. Y, si lo que oyó Ulises fue algo así, se

2 *Foran des Aganis* significa «Gruta de las Aganas». Las Aganas son figuras míticas, protectoras de las aguas, que viven en fuentes y arroyos. Su mito se originó del de las ninfas del bosque romanas (del latín *aquana*) fundido con el de figuras de la mitología germana o eslava. Seres legendarios, generalmente jóvenes y atractivas, pero también, algunas veces, viejas y espectrales. Semejantes a las «xanas» del folclore de Asturias y León y a las «anjanas» cántabras. [N. de la T.]

podría comprender por qué pudo haberse quedado algo aturdido.

La gruta del Foran des Aganis tiene, pues, esa particularidad. El incesante fluir de las aguas, la especial morfología y la conformación de los senderos crean una secuencia de ecos que, en determinados puntos, adquiere los tonos y modulaciones de una alegre congregación de voces femeninas. Voces jóvenes. Un fenómeno conocido desde siempre y que puede darse incluso ya a la entrada de la cueva, donde a veces el alegre canto rebota perceptiblemente en las paredes. Pero es en las zonas más internas de la cavidad, una vez pasado el sifón de entrada, donde en algunos puntos, y dependiendo de la cantidad de agua que fluye, las hadas se hacen oír con más intensidad.

La mitología local ha fomentado la aparición de una serie de narraciones y leyendas sobre las hadas del agua, las Aganas, y se han escrito numerosos artículos, historias y libros. Por otra parte, las Aganas ni siquiera son exclusivas de la provincia de Udine; también las encontramos, por ejemplo, en las cuevas de Pradis, en Clauzetto (provincia de Pordenone), un municipio que cuenta con una tradición consolidada en materia de brujas, hadas, demonios y demás compañía. Pero el aspecto periodístico-mitológico es otra cuestión.

Lo que me viene a la mente, sobre todo, es el impacto emocional y ético de este fenómeno. Quien haya permanecido bajo tierra durante más o menos tiempo ha experimentado la alternancia de sonidos y silencio en una cavidad, y también cómo cada una de ellas posee, por así decirlo, su propia especificidad. Cada cueva o abismo tiene su propio sonido, su propia voz, que en general es diferente de cualquier otra, simplemente porque no hay una cueva que sea igual que otra y, por lo tanto, no hay una volumetría idéntica a otra. No soy un experto, y a menudo no nos damos cuenta, pero el conjunto de ecos, vibraciones y gradaciones del sonido contribuyen a crear una sonoridad específica, que en mayor o menor grado envuelve a cualquiera que ronde por el mundo subterráneo.

Sin embargo, el fenómeno del Foran des Aganis es algo diferente. Aquí las hadas hablan, o más bien bromean y ríen. En serio. Es algo que llega al cerebro y al corazón pasando por los pabellones auriculares, una interferencia sonora que en sus repetidos ecos tiene un efecto marcadamente diferente, por ejemplo del tictac incesante del goteo, e inevitablemente invita al complejo entramado de las sinapsis a dar cuerpo a las imágenes. Como cuando al escuchar el canto de un pájaro nos imaginamos al animalito incluso sin verlo.

Realicé la excursión y la inmersión en las grutas de las hadas en 2014. Era un domingo soleado de febrero, frío y luminoso. Junto con mi amigo y guía Duilio subí por el sendero que se encarama por la ladera del monte Piccat, justo sobre el pueblo de Prestento, una minúscula pedanía del municipio de Torreano, en el corazón del Friul, que no tiene más que ciento setenta habitantes y cuyo nombre significa 'prado pobre'. La gruta se abre en el curso del río Raverdosa. La entrada es un antro oscuro que se adentra en la gravilla caliza del Eoceno, una boca abierta en el bosque. Es un paisaje de *El Señor de los Anillos*. Es evidente que allí se sienten como en su casa gnomos, hadas y elfos; y, de hecho, es un lugar muy frecuentado por una variada fauna de espiritualistas del tercer milenio.

Nos llevó un par de horas cargar al hombro todo el material —trajes de neopreno, botellas, aletas, cuerdas, mosquetones y todo el resto— subiendo y bajando varias veces por el empinado sendero que serpenteando por entre el bosque conduce desde los coches aparcados junto al camino de tierra hasta la cueva. Una vez descargado el material a la entrada de la gruta —una caverna oscura rodeada por una espesa vegetación que rezuma humedad— nos preparamos poniéndonos los trajes de neopreno —que ya no nos quitaríamos durante toda la excursión subterránea— y el resto del equipo de inmersión.

La cueva se adentra por una galería de casi doscientos metros, llena de reflejos brillantes sobre la bóveda, y está atravesada por un reguero de agua que desemboca en un estanque donde comienza el sifón. Al llegar allí nos sumergimos en la poza —era casi como desaparecer dentro de un charco— cruzando bajo el agua el estrecho pasaje que desemboca al otro lado.

No es una travesía larga. No son más de veinte metros a cinco de profundidad, pero el agua está turbia y el túnel es estrecho, y es importante no perder el contacto con el cable guía, la línea fijada a la pared que actúa como pasamanos hasta la salida del sifón.

Una botella de aire de cinco o siete litros puede ser suficiente, tanto para el viaje de ida como para el de vuelta, siempre y cuando uno no se quede atascado durante el trayecto. Pero, precisamente para evitar las consecuencias de esa desagradable eventualidad, la regla obliga a que se utilice el equipo completo con la doble botella.

Una vez se emerge al otro lado, se dejan allí las botellas, el lastre y las aletas, y se continúa por un camino semiinundado de bóveda baja, entre paredes resbaladizas. Al cabo de un rato, el túnel sube, y luego continuamos la exploración nadando en el agua helada de pozas y lagos, ahora de transparencia cristalina, hasta llegar a una bifurcación que conduce a un ramal activo, un alto y estrecho meandro atravesado por un pequeño arroyo.

La gruta de Foran des Aganis es un laberinto fascinante, todo hace pensar que estamos en una especie de jardín encantado hecho de piedra y agua, desde las paredes relucientes hasta la luz artificial fijada en los cascos protectores. Es un lugar lleno de ecos, donde la voz retumba y se superpone al incesante y variado murmullo de las aguas del manantial.

Avanzamos por aquel laberinto inundado divirtiéndonos como niños en un parque acuático. Cada exploración, dondequiera que se realice, tiene un aspecto exquisitamente lúdico, libera las mismas ganas de jugar que contagian a los niños. A todos los seres vivos les encanta jugar, al menos un poco de vez en cuando. Es parte de procesos evolutivos, como si la vida misma, de por sí destinada a un epílogo trágico para cualquiera, necesitara distracciones momentáneas para justificar la propia fragilidad y los propios límites.

En aquel parque de atracciones subterráneo, Duilio era el compañero ideal. Con su físico robusto y tranquilizador, su locuacidad inagotable y el tono ligero con el que afrontaba las dificultades —excepto cuando daba un rugido si alguien le pisaba un pie o incluso los dos— lograba que todo resultara más fácil, y el juego, más divertido.

Cuando, después de la bifurcación, tomamos el ramal activo por donde el agua fluye con constancia paciente y milenaria, no recuerdo por qué motivo dejé que Duilio siguiera solo chapoteando en el agua, y yo me quedé rezagado. De pronto, mientras avanzaba por el meandro inundado protegido por mi traje de neopreno con capucha incluida, con el agua helada llegándome al pecho y con cuidado de no tropezar con algo que no se veía al fondo, entre estrechas, altas y resbaladizas paredes, con las frías luces led que iluminaban pequeñas porciones del recorrido aún por revelarse, de improviso, donde el túnel gira levemente, digamos a la vuelta de la esquina, fui recibido por una cascada de risitas alegres, divertidas e insolentes. Un coro de voces argentinas, insinuantes, que surgían de la oscuridad circundante. Estaba rodeado. Era una presencia concreta, material, seductora y sorprendente. Permanecí inmóvil en el agua, mientras oía más adelante el débil chapoteo de Duilio que avanzaba por el meandro.

Miré a mi alrededor, iluminando con la luz blanca de los led las paredes de la estrecha galería, dirigiendo la mirada hacia arriba, donde la geometría de las rocas desaparecía en la oscuridad de una bóveda que no lograba ver. Las voces eran tan intensas y reales que estaba seguro de que vería emerger una o más figuras de doncellas, muchachas jóvenes y hermosas, de las grietas oscuras de la cueva.

Luego por sorpresa me invadió un soplo de tristeza. De pronto me sentí estúpido y torpe mientras avanzaba a través de un mundo oscuro que no era el mío. Y entonces las vi, vi a aquellas pequeñas hadas jóvenes y traviesas, todas muy bellas, con el pelo largo y suelto y las túnicas ligeras y transparentes y con las miradas brillantes de quienes aprecian la insondable magia de la vida. Vi claramente a las brujitas sexis de las aguas, criaturas de la oscuridad, reunidas en asamblea, alrededor —tal vez— de una mesa puesta, mientras charlaban animadamente superponiendo sus vocecitas con aquel entusiasmo expresivo típico de los festejos animados, donde todos responden a la broma con la broma, al chiste con el chiste, y todos —todas en este caso— participan del alegre alborozo de estar juntos. Era un vocerío tan cercano y al mismo tiempo tan lejano, que trastocaba la percepción del espacio, como suele ocurrir cuando nos adentramos en entornos desconocidos. E inesperadamente, después del primer divertido estupor ante el fenómeno sonoro, se apoderó de mí una sensación de frustración. Porque enseguida me di cuenta —era una verdad indiscutible— de que, aunque las hubiera escuchado y de alguna manera las hubiera visto, nunca habría sido admitido en el círculo de aquellas jóvenes seductoras: las hadas me espiaban desde su mundo oscuro y oculto, permitiendo que participara de su alegría festiva, pero manteniéndome a distancia. Nunca formarás parte de la fiesta, me estaban diciendo aquellas hermosas sirenitas de las grutas con sus sutiles burlas, y mucho menos hubiera podido atreverme a rozar siquiera sus sedosos cabellos, su diáfana piel, sus vaporosas túnicas. Quédate en tu sitio, estúpido humano —me estaban diciendo con sus sonrisas hechiceras—, este mundo no es el tuyo. Y ten cuidado en donde pisas, porque nunca se sabe lo que te podría pasar.

Me quedé a remojo en el agua fría, permaneciendo en el estrecho meandro y escuchando las voces de las hadas Aganas durante no sé cuántos minutos. Hasta que noté la luz del casco de Duilio que regresaba. «¿Has oído?», le pregunté cuando llegó a mi lado. «¿Qué?». «Las voces de las hadas», le respondí. «Sí», respondió alegremente, «ya te dije que las oiríamos». Permanecimos en silencio. Las voces de la oscuridad se habían apagado un poco, como si la llegada de Duilio hubiera persuadido a las jóvenes a bajar la voz, espiando a los dos hombrecitos sin alzar demasiado el tono de sus comentarios.

Una vez finalizada la excursión, reanudamos la marcha chapoteando entre pedruscos que se habían desprendido de las paredes y depósitos arcillosos. Regresamos al sifón de acceso, me puse las botellas y las aletas, y me sumergí en el agua fangosa siguiendo el hilo de Ariadna para emerger al otro lado, donde, más abajo, en la boca de la cueva, parpadeaba la acogedora y salvífica luz del día.

Cuando salí, me di cuenta de que no podía quitarme de encima una ligera sensación de nostalgia y de arrepentimiento. Porque cada eco del tiempo profundo nos recuerda que hemos sido expulsados del paraíso terrenal, y además de mala manera. El aliento de la tierra nos dice que formamos parte de la naturaleza, pero también que estamos fuera, que somos huéspedes tolerados, pero disolutos, violentos e invasores de una realidad cuyas reglas y necesidades a menudo ignoramos o queremos ignorar. Y las hadas o sirenas, como se quieran llamar, con sus atávicas e irresistibles llamadas, son la expresión de esa naturaleza que nos supera en su arcana sabiduría, incluso cuando nos hacemos la ilusión de controlar y dominar el paraíso que hemos perdido.

Cada cueva posee su propia voz, su propio aliento. El explorador subterráneo no siempre tiene la suerte de toparse con encantadoras hadas parlanchinas. Pero siempre, allí en la oscuridad donde fluye un río o cae una cascada, o donde el goteo constante modela imaginativas esculturas en la roca, o entre pozos y cavernas donde los sonidos rebotan en suaves ecos, o incluso en los ramales fósiles y más secos donde el silencio parece absoluto, siempre, si prestamos atención, podremos escuchar una voz que nos ayude a comprender cuál puede ser nuestro lugar en el mundo, el comportamiento adecuado, el modo correcto de estar en precario equilibrio en este planeta.

Engaños

Cualquiera que haya conocido hadas o sirenas una vez en la vida no las olvida. La naturaleza dual fascina, seduce, nos lleva a la subversión. Las sirenas son un engaño y, al mismo tiempo, revelan una verdad o más de una. Las sirenas ocupan los espacios vacíos de significado, aparecen donde no podemos ver ni comprender el sentido racional de la vida. Por eso, arrojarse en sus brazos, a riesgo de acabar ahogados en el abismo, es un acto irresistible. Es el mismo efecto que el amor: ilusión, seducción, subversión.

Necesitamos a las sirenas. Y cuando no existen las inventamos. Pienso en la Quimera conservada en el Museo de Historia Natural de Trieste —aunque, a decir verdad, también hay una similar en el Museo de Historia Natural de Milán—, una criatura ingeniosamente realizada con busto y cabeza de mono y cola de pez grande. Uno de esos monstruos de aspecto horroroso, con garras y dientes afilados, que estaban muy de moda en el siglo XIX, y que eran pacotilla importada en su mayor parte a Europa por comerciantes y marineros de los países del Lejano Oriente, donde los hábiles y astutos artesanos habían sabido especular sobre la fijación, particularmente occidental, de hacer de la realidad una ciencia, burlándose así de ese pensamiento positivista que pretendía conocer y catalogar el mundo. Un esfuerzo taxonómico universal y presuntuoso —el de los occidentales— que, como contrapeso, dejó abiertas las puertas a lo irracional, a lo fantástico, a lo mágico, etcétera, de tal modo que mientras la industria, la ciencia, la tecnología y la medicina hacían progresos inimaginables acelerando las agujas del tiempo, la gente tenía cada vez más hambre de fábulas y de fantasía, y abarrotaba circos y barracones donde se exhibían gigantes, enanos, gemelos siameses, mujeres barbudas, sirenas, hombres lobo, monstruos e híbridos de todo tipo. Triunfaban, así, los engaños e ilusiones que en tiempos de posmisticismo satisfacían aquella necesidad de transfiguración, de reconfortante superación de los agotadores —y a veces peligrosos— procesos lógicos con los que todavía nos encontramos hoy, en la era del *homo technologicus,* esa híbrida unidad evolutiva, ese simbionte en continua transformación que somos nosotros aquí y ahora, capaces de hacer cada vez más daño a medida que avanzamos en dicha transformación.

Quizás por eso tendemos a enamorarnos de las sirenas. La «fierecilla lasciva» del cuento de Tomasi di Lampedusa, Lighea, capaz de un «erotismo cósmico», la sirena que, tras subir a la barquita del joven y asombrado La Ciura, mientras él bogaba en el mar de Sicilia, le dice: «Te sentía hablar solo en una lengua similar a la mía. Me gustas, tómame. Soy Lighea, soy hija de Calliope. No creas en los cuentos que corren sobre nosotras, no matamos a nadie, solamente amamos».

Pero las sirenas no nos libran de las culpas, al contrario. En junio de 2020, a finales de la primavera, cuando el gobierno decidió flexibilizar las restricciones impuestas por la emergencia sanitaria y se comenzó a percibir un atisbo de libertad en el comportamiento y en los desplazamientos, volví a vigilar el vagabundeo de Aletarrota, a pesar de las frecuentes interrupciones de la señal satelital, por lo que siempre veía al tiburón desplazándose por la zona sur del Mediterráneo, siguiendo trayectorias en espiral, marcadas en color rojo en el mapa telemático en sus solitarias partidas de caza. Solo a finales de junio Rebeca puso rumbo hacia la isla de Malta, tal vez con la intención de llegar al canal de Sicilia. Se estaba acercando, no obstante todavía hubiera cientos de millas náuticas entre ella y yo.

Solo me quedaba asumir el papel de un reluctante Capitán Nemo, como quisiera alguien que no soy yo, haciendo veinte mil leguas de viaje submarino para encontrar mi destino, que es también el nuestro, vagando sin meta en las memorias de aquella alteridad que ha hecho del mar, de todos los mares y de sus habitantes, lo que somos y lo que deberíamos ser. Empezando por contar la historia de uno de los primeros grandes exploradores visionarios del mundo sumergido.

2

De guerra y de aventura

Jules Verne ante el espejo

El catalán Narcís Monturiol Estarriol (Figueras, 1819-S. Martí de Provensals, 1885) vivió en los años en los que Verne concibió y escribió *Veinte mil leguas de viaje submarino.* Monturiol, ingeniero, periodista, intelectual y político anarquista de ideales pacifistas, está considerado el inventor del primer auténtico submarino civil de la historia, el Ictíneo, un barco que, en su forma perfeccionada, estaba dotado de propulsión autónoma motorizada y de un sistema de reciclaje del aire, ambos basados en una compleja fórmula de reactivos químicos. Un submarino diseñado para moverse de forma completamente autónoma y por tiempo indefinido bajo el mar y alcanzar enormes profundidades; tal vez, incluso, el punto más profundo de los océanos.

Monturiol construyó y experimentó con éxito sus prototipos en el mar entre los años 1859 y 1865 con el objetivo preciso y manifiesto de dar a conocer a la humanidad los secretos de las profundidades marinas y de ayudar a cuantos trabajaban en el interior del mar, como los pescadores de coral. Su deseo era que el submarino no fuera nunca utilizado con fines belicistas, sino solo científicos y humanitarios.

Autor de numerosos artículos sobre su invento y sus investigaciones, Monturiol murió en 1885 pobre y olvidado, tras una vida dedicada a luchar como revolucionario contra los poderes fuertes de su tiempo. Su obra más conocida, *Ensayo sobre el arte de navegar por debajo del agua*, que reúne la suma de sus estudios, fue escrita en 1870 y publicada póstumamente en 1891. Pero sus ideas ya circulaban por toda Europa, especialmente en los años en los que fue más activo, en la década comprendida entre 1859 y 1870, precisamente el período en el que cobraría forma la novela de Verne. A lo largo de su vida, Monturiol publicó más de sesenta ensayos y artículos que tuvieron una amplia difusión, entre ellos, en 1860, una detallada *Memoria sobre la navegación submarina*, con observaciones sobre la vida en los océanos y el funcionamiento de su submarino.

Entre todas las historias posibles, la de Monturiol será la primera que le entregaré a quien me pide que busque en el vasto mundo submarino el significado de una existencia especial, porque allí abajo se deposita tal vez lo mejor y lo peor de nuestras relaciones con el tiempo profundo. Y con el tiempo de la Historia.

Narcís Monturiol nace en Figueras el 28 de septiembre de 1819. Su padre es un artesano tonelero, arte que impulsa al pequeño Monturiol a aprender desde temprana edad los secretos de la madera y de su impermeabilización. Dotado de un extraordinario talento para el dibujo, las matemáticas y las ciencias, a los diez años Monturiol construye, él solo, un reloj de madera.

El niño es inteligente, tiene talento, se puede sacar partido de él, y sus padres deciden que estudie. En cuanto cumple la edad adecuada, el joven Monturiol es enviado a la Universidad de Cervera con la intención de que se haga sacerdote. Pero no será una buena idea. A pesar de ser católico hasta la médula, Monturiol estaba más interesado en las ciencias y en la mecánica que en los asuntos de la Iglesia, y a causa de ello no mantiene muy buena relación con sus profesores.

Entretanto, en los años de su formación universitaria, España se sume en la primera guerra carlista, que enfrenta a los contrarrevolucionarios católicos, que luchan por el mantenimiento de la tradición de la monarquía española, con los liberales y los sectores más progresistas de la sociedad. Las guerras carlistas, que se sucederán en repetidas ocasiones a lo largo del siglo XIX, se han considerado en su conjunto como la primera guerra civil en España y la primera guerra de la historia de Europa que enfrenta Cristiandad y Revolución, la una contra la otra en armas.

Narcís Monturiol es inquieto y respira a pleno pulmón el aire belicista de su tiempo. Empieza a estudiar Medicina, luego se pasa a Derecho y acaba convirtiéndose en periodista. Posee un espíritu altruista y rebelde, siempre dispuesto a luchar por la justicia social. A los diecisiete años se traslada a Barcelona y se mete de lleno en la lucha, convirtiéndose en activista, periodista revolucionario y trabajador radical.

La idea de Monturiol y de sus compañeros es la de liberar a la humanidad de sus opresores, empezando por su Barcelona. Sin embargo, aunque siempre permanecerá fiel a la causa revolucionaria, Monturiol no admite el uso de la fuerza para imponer las propias ideas: «Soy un revolucionario —afirma— pero un revolucionario pacifista, un revolucionario de las ideas, un revolucionario de la conciencia. Soy enemigo de la violencia». A pesar de su pacifismo, en 1844 es perseguido por la policía y se ve obligado a exiliarse en Francia durante un breve período.

Al año siguiente regresa a Barcelona, donde continúa trabajando como periodista, y funda periódicos de inspiración anarquista y comunista como *La Fraternidad* y, más tarde, *La Madre de Familia*, considerado un auténtico periódico protofeminista. A pesar de su carácter revolucionario, Monturiol es un católico convencido y defensor de la familia. En 1846, a la edad de veintiséis años, se casa con Emilia Mata, una hermosa muchacha, diez años menor que él, a la que durante toda su vida le será fiel, siendo un marido y padre ejemplar.

En la formación idealista de Monturiol será determinante su encuentro con las ideas y la personalidad del socialista utópico Étienne Cabet, que vivió entre los años 1788 y 1856, un filósofo activista que dedicó toda su vida a luchar por una sociedad nueva y libre. Fue él el primero en utilizar sistemáticamente el término *comunismo*. Monturiol, que se convierte en amigo y mantiene una regular correspondencia con Cabet, traduce y publica su novela *Viaje y aventuras de Lord William Carisdall en Icaria*, de 1840, y queda impactado por sus teorías sobre la fundación de Icaria, una comunidad igualitaria y pacífica que se estableció entre mil dificultades en los Estados Unidos, en Texas, Illinois, Iowa, Missouri y California —el único experimento práctico de comunismo utópico realizado en las Américas—, hasta el punto de que piensa en fundar una colonia icariana también en Barcelona.

Asimismo será fundamental para él en aquellos años otra amistad, la que le une con el urbanista e ingeniero Ildefonso Cerdá, considerado el padre del urbanismo moderno. Cerdá tiene una visión modernista de la ciudad: según él, los centros habitados no deben ser fruto del trabajo perseverante y continuo de diferentes generaciones que a lo largo de los siglos han adaptado el paisaje urbano a sus propias necesidades, sino que el hombre debe, por el contrario, liberarse, superar los obstáculos de las generaciones precedentes para construir una ciudad adaptada a las necesidades cambiantes de la vida. Para Cerdá, la urbanización obedece a reglas precisas y debe responder a un propósito altamente humanitario: la forma no es nada, lo más importante es la adecuada satisfacción de las necesidades humanas.

En la primera mitad del siglo XIX, en los años en los que Jules Verne comienza a consolidarse como escritor, Narcís Monturiol trabaja implicado activamente en un clima de gran fervor político y social. Conoce y se relaciona con las mentes más abiertas y revolucionarias, y como periodista y editor está al tanto de las ideas e innovaciones que circulan también en el campo científico. La finalidad de todas sus acciones será siempre la misma: mejorar la humanidad, ayudar al progreso de las artes y de las ciencias y combatir con la no violencia toda forma de despotismo.

Hasta que, una ventosa mañana de 1856, Monturiol decide dar forma a un sueño, o más bien a una visión que le atormenta desde hace años: para ayudar a la humanidad, construirá un barco submarino como nunca antes se ha visto, dotado de una autonomía absoluta para navegar por el fondo del mar y permitir al hombre trabajar con seguridad y a los científicos explorar los secretos de los océanos.

Según las memorias que nos ha legado, aquella mañana de 1856 Monturiol ha ido a dar un paseo junto a su amigo Martí Carlé y al hijo de este por la escarpada costa de Cadaqués, la localidad más oriental de España, en la provincia de Gerona. Los tres suben al promontorio del Cabo de Creus y desde allí observan el mar encrespado por el viento. De pronto Monturiol recordó que, años atrás, había encontrado allí a un grupo de pescadores de coral, hombres que se sumergen en apnea hasta los cuarenta metros de profundidad para recolectar coral rojo, una de las principales fuentes de la economía de Cadaqués. Un oficio, el de recolector de corales, que es muy peligroso. De hecho, aquel día Monturiol había visto cómo uno de los pescadores sufría un síncope nada más salir a la superficie. Monturiol intervino de inmediato y, gracias a sus conocimientos médicos, logró salvarlo. Fue un episodio que lo marcó profundamente y que lo impulsó a reflexionar sobre una idea que tenía ya desde niño cuando veía los barcos surcar el mar agitado del Cabo de Creus: construir un barco que pudiera navegar bajo el agua.

Aquella mañana de 1856 Monturiol le confió su idea al amigo Carlé y, para gran sorpresa suya, Carlé se entusiasmó: aquel proyecto era absolutamente necesario realizarlo. Submarinos experimentales, más o menos funcionales, ya había varios en circulación, pero este sería una máquina capaz de hacer que la humanidad diera un salto hacia adelante.

A partir de aquel día, Monturiol dedicará toda su energía, todos sus conocimientos, toda su pasión y sus habilidades a hacer realidad la extraordinaria visión de un barco que pueda navegar bajo el agua sin límites de tiempo ni de espacio. Lo llamará Ictíneo, del griego *icthus* que significa 'pez' y *naus* que significa 'nave': «nave con forma de pez». Qué casualidad, igual que el Nautilus del Capitán Nemo. Y, qué casualidad también, uno de los actos humanitarios de Nemo será salvar a un pescador de perlas. Y, para más casualidad aún, un capítulo entero de *Veinte mil leguas de viaje submarino* estará dedicado al coral, mientras que la bandera misma del Ictíneo, diseñada por la mujer de Monturiol, será un coral con una estrella en el centro.

El 23 de octubre de 1857, Monturiol, con su amigo Carlé y con otros diecinueve suscriptores elegidos entre exponentes de la pequeña burguesía, seducidos por el proyecto, fundan la empresa Ictíneo. El entusiasmo de Monturiol es tan contagioso que hasta el notario que firmó el contrato metió la mano en su bolsa y ofreció una aportación monetaria. Monturiol confía la construcción del barco a Nuevo Vulcano, una de las compañías de armadores más importantes de la nueva economía capitalista de Barcelona.

Inmediatamente después, se dedica a estudiar con ahínco y obstinación todo lo relacionado con la navegación submarina y las ciencias naturales de su época: principios de la física, meteorología, corrientes marinas, y flora y fauna del mundo submarino. Escribe cartas a físicos, químicos, ingenieros y a otros inventores que como él están estudiando cómo conquistar las profundidades del mar. Intelectual curioso y voraz, incluye entre sus lecturas *Kosmos* de Alexander von Humboldt, la primera obra nacida con la idea de representar todo el mundo físico en un solo tratado, que apareció en varios volúmenes entre 1850 y principios de la década de 1860. Como ilustrado, Humboldt estaba convencido de que la Historia avanzaba hacia el progreso y la armonía en base a la difusión de la razón, precisamente el pensamiento en el que Monturiol pretende basar todo su trabajo.

A la luz de los prototipos y experimentos que se realizaban en aquellos años, cuando Monturiol decide construir su submarino tiene que solucionar una serie de problemas técnicos nada sencillos. El primero se refiere a la presión hidrostática. Para evitar que el submarino quede aplastado como una nuez al descender a las profundidades, Monturiol creará el sistema de doble casco, sistema que se mantiene vigente en los submarinos modernos hasta el día de hoy.

Después ha de solucionar el problema del reciclaje del aire y, por consiguiente, el de la eliminación del dióxido de carbono. En realidad, este resultará ser el problema más sencillo de resolver. Para ello Monturiol se inspira en el mar, y en particular en los pólipos de coral, que construyen su «casa» extrayendo dióxido de carbono disuelto en agua de mar y mezclándolo con calcio para producir carbonato de calcio.

Después de atentos estudios, Monturiol diseña un dispositivo para bombear aire a través de un recipiente lleno de cal apagada, es decir, una solución de hidróxido de calcio: de esa manera los submarinistas podrán disponer de una autonomía respiratoria de un par de horas. Monturiol también piensa en la fórmula química para producir oxígeno a través de dicromato de potasio mezclado con ácido sulfúrico; pero el ácido sulfúrico es un elemento peligroso y meterlo en la cámara de un pequeño submarino no le parece una buena idea. Así que se ha de contentar con producir oxígeno en tierra firme y llevarlo consigo cerrado en botella. Será una solución temporal: Monturiol está decidido a crear un submarino completamente autosuficiente y con autonomía ilimitada; pero decide posponer para otro momento la solución al problema del reciclaje continuo del aire.

La compra de un manómetro en París, el diseño de una hélice adecuada y un sistema de propulsión manual que permita al barco moverse bajo el agua con total seguridad completan el proyecto del primer prototipo del Ictíneo.

Nada se deja al azar. Más allá de los problemas técnicos, la seguridad de la tripulación de la máquina submarina es la principal preocupación de

Monturiol, que vela para que todo funcione a la perfección con minuciosa atención al detalle. Incluido el cristal de los ojos de buey, elaborado con cristales de veinte centímetros de espesor y de forma cónica para soportar mejor la presión. Asimismo, recordando las enseñanzas del tonelero, elige para el casco madera de olivo, por su propiedad de contraerse un 0,01 por ciento de su volumen por cada metro de profundidad.

Una vez encontrados los fondos necesarios, los trabajos de construcción del submarino prosiguieron durante todo el invierno entre 1858 y 1859. Cuando ha acabado de construirse, el día 28 junio de 1859 Monturiol y sus más íntimos amigos y colaboradores, Josep Missé y Josep Oliu, lo prueban en el puerto de Barcelona. Todo parece funcionar perfectamente, el barco se sumerge y sale a la superficie sin sufrir daño alguno.

A partir de ese día, los nuevos submarinistas realizarán al menos una veintena de inmersiones de prueba, durante las cuales Monturiol lleva a cabo una serie de mediciones, como los límites de contracción del casco interior y exterior hasta veinte metros de profundidad. Así descubrirá, entre otras cosas, que, utilizando solo el aire de la cámara interna, se lograba permanecer sumergido durante algo más de dos horas, mientras que usando oxígeno embotellado y el purificador de carbón la duración podía superar las cuatro horas.

La botadura oficial del Ictíneo tuvo lugar el 23 de septiembre de 1859 a las 9:30 de la mañana, once años antes de la publicación de *Veinte mil leguas de viaje submarino.* Ante la mirada de sus financiadores, el público y los periodistas congregados en el muelle del puerto de Barcelona, el Ictíneo realizó una serie de maniobras de ascenso a la superficie y de inmersión. En total logró navegar bajo el agua durante dos horas y veinte minutos a una profundidad de veinte metros. Nadie antes había realizado tal hazaña, ningún barco submarino había podido navegar en condiciones óptimas de maniobra y equilibrio durante tanto tiempo y a aquella profundidad.

«El entusiasmo fue universal y profundo», escribe un periodista. Monturiol, sus amigos y colaboradores y sus aliados políticos consideran el nuevo invento una Gloria de la Humanidad y del Progreso Científico. *El Museo Universal,* periódico científico y cultural, afirma con excesivo optimismo: «Si esta invención se logra aplicar a gran escala, ya no habrá más naufragios».

A finales de 1859, Monturiol era un hombre feliz. Emocionado por el resultado del submarino experimental, mientras viene a la luz su tercera hija, a la que llamó Delfina, inmediatamente comienza a pensar en una embarcación mucho más grande y perfeccionada.

El problema, de nuevo, es la financiación. Y la lógica despótica de ese sueño obligará a un visionario comunista a convertirse en un financiero protocapitalista capaz de recaudar fondos.

En 1860, Monturiol escribió y publicó *Memoria sobre la navegación submarina.* «Tengo la íntima convicción —explicaba en la Introducción— de que la conquista de los fondos marinos pertenece a nuestros tiempos, y la prueba irrefutable de ello es el conjunto de estudios realizados sobre el mar y sobre el modo de atravesarlo, de los que la presente memoria es tan solo un compendio».

La *Memoria,* de cincuenta páginas, contiene una serie de observaciones sobre la vida en los océanos, las corrientes y los estudios químicos. Un capítulo está dedicado a la pesca del coral. Al leerla, parece ya el *storyboard* de *Veinte mil leguas de viaje submarino.* En el apéndice encontramos un dibujo desplegable que ilustra los diversos usos posibles del Ictíneo perfeccionado y provisto de potentes luces: desde la pesca de coral y la recuperación de materiales y cañones de entre los restos de naufragios en los fondos marinos hasta la exploración de cavidades submarinas, actividades que el prototipo del Ictíneo, probado un año antes, todavía no era capaz de hacer. La *Memoria sobre la navegación submarina* es lo que hoy definiríamos como un *rendering,* un opúsculo destinado a concienciar al Ministerio de la Marina y a los posibles nuevos financiadores, en el que ofrece su invento y solicita fondos para la creación de un prototipo mejorado. Pero el Gobierno le responderá que no está interesado, sobre todo porque, en Francia, un tal Payerne acaba de construir otro submarino, por lo que el invento de Monturiol «no era tan original como parecía».

Monturiol se enfurece, el aparato construido por Payerne no es más que una campana de buceo que no tiene nada que ver con el Ictíneo. En un esfuerzo extremo por lograr que el Gobierno español se interese, Monturiol asume el papel de belicista y, renunciando, parcial o totalmente, a sus demandas pacifistas, en 1860 llega incluso a proyectar un «Ictíneo de guerra», un submarino de 1200 toneladas y treinta y seis metros de largo, capaz de alojar a una tripulación de doscientas cincuenta personas, provisto de periscopio y un terrible armamento: una batería giratoria de cuatro cañones y una proa explosiva. Será un «monstruo gigantesco», como lo define el propio Monturiol —tal y como se presenta el Nautilus de Nemo al inicio de la novela— que ha de servir para garantizar la paz entre los pueblos con su sola presencia en los mares del mundo, resolviendo, escribe Monturiol, el «difícil problema de equilibrar las fuerzas marítimas de las naciones». Ni qué decir tiene que, en las intenciones de su inventor, el «Ictíneo de guerra» en cualquier momento podría convertirse en un pacífico «Ictíneo para la exploración científica». Pero los altos mandos de la Marina siguen siendo escépticos y reacios a abrir la bolsa, de modo que el proyecto del «monstruo gigantesco» se queda en papel mojado.

Sin embargo, llegados a un cierto punto, la situación se desbloquea. En julio de 1861, el Gobierno español emitió un real decreto autorizando a Monturiol a buscar todo apoyo necesario para la construcción de su nuevo Ictínco. Esto era un auténtico cheque en blanco para la realización de su sueño. Pero era también un arma de doble filo: los posibles patrocinadores del proyecto pensaban, lógicamente, que si Monturiol contaba ahora con el apoyo del Gobierno ya no era necesario invertir fondos privados.

Monturiol no se da por vencido y, a pesar de que en 1862 recibe la funesta noticia de que el primer Ictíneo ha sido hundido en el puerto de Barcelona mientras estaba amarrado, debido a la imprudente maniobra de un carguero que huyó para evitar pagar los daños, inicia una nueva campaña de recaudación de fondos.

En el invierno de 1862, Narcis Monturiol y Joan Tau, su socio submarinista y compañero revolucionario, viajaron a Londres y París para visitar una serie de exposiciones tecnológicas, conocer los nuevos descubrimientos de la técnica y establecer contacto con ingenieros e inventores. Y al unísono con sus estudios, a medida que llega el dinero, Monturiol intensifica sus esfuerzos para construir el Ictíneo II.

Esta vez el barco será más grande y, sobre todo, estará dotado de una fuerza de propulsión motorizada autónoma: el proyecto prevé un submarino de diecisiete metros de eslora frente a los siete del primer Ictíneo, con un desplazamiento de setenta y dos toneladas frente a las diez del primero, con una cámara interna de veintinueve metros cúbicos frente a los siete del otro, y capaz de alojar a una tripulación de veinte personas.

Para crear el prototipo, Monturiol confía de nuevo en los talleres navales de Nuevo Vulcano, donde el barco cobra forma y pronto estará listo para hacerse a la mar y realizar las primeras pruebas.

La innovación más importante, tras una serie de inmersiones de prueba con propulsión manual, es la propulsión autónoma mediante motor. Monturiol compró un motor de vapor de seis cilindros que modificó dividiéndolo por la mitad: una parte se alimentaba de una caldera de carbón para la navegación de superficie; la otra funcionaba con una mezcla química de zinc, dióxido de manganeso y clorato de potasio, en inmersión. Una mezcla que también utilizará para crear una fuente de luz, un amplio faro en la proa para iluminar las profundidades marinas.

El 2 de octubre de 1864, el Ictíneo II afrontó finalmente la botadura oficial en el puerto de Barcelona ante la presencia de las autoridades nuevamente aglomeradas en el muelle, en medio del júbilo popular y entre aplausos y vítores. Sin embargo, el submarino aún no estaba listo, las pruebas revelaron varios inconvenientes, y hasta la primavera de 1865 Monturiol y sus colaboradores trabajaron en el desarrollo, instalación y mejora de los mecanismos de propulsión.

El 20 de mayo de 1865, el Ictíneo II experimentó su primera inmersión profunda, alcanzando los treinta metros bajo el nivel del mar. Las inmersiones y pruebas continuaron, hasta que el 16 de junio, mientras navegaba a veintitrés metros de profundidad, la embarcación en forma de pez comenzó a hacer agua. Con una rápida maniobra Monturiol consiguió emerger evitando el naufragio.

Una vez realizada la reparación de las guarniciones de las junturas, en noviembre de 1865 —apenas cinco años después de la publicación de *Veinte mil leguas de viaje submarino*— el Ictíneo II volvía a estar listo para la navegación submarina. Las pruebas llevaron al barco a navegar durante cinco horas sumergido, mientras la tripulación respiraba «aire artificial».

Pero el trabajo no había terminado y se necesitaban más fondos. En diciembre, para volver a llamar la atención del Gobierno español, Monturiol instaló en el submarino un cañón de diez centímetros de diámetro. Quien la mañana del 22 de diciembre de 1865 se encontrara en el puerto de Barcelona quedaría sorprendido al ver una columna de agua emerger con gran estrépito de la superficie del mar. Monturiol estaba disparando el cañón a un metro de la superficie del agua. Poco después se repitió el disparo con la columna de agua, asustando a quienes observaban la escena. Las autoridades portuarias, alarmadas por aquel prodigio, llamaron a la policía. Al final, a Monturiol se le prohibirá realizar más experimentos de aquel tipo, y el inventor se verá obligado a desmontar el cañón del submarino.

De todos modos, el nuevo Ictíneo está a la altura de las expectativas, y ha llegado el momento de instalar el motor para iniciar definitivamente la propulsión autónoma. Pero ya desde las primeras pruebas se encuentran con un inconveniente digno de consideración: durante la inmersión, el motor, impulsado por una mezcla química, aumenta la temperatura en el interior hasta alcanzar los cincuenta grados, transformando la cámara interna en una sauna. Un defecto que, de hecho, impide la navegación submarina autónoma y sin límites de tiempo que se pretendía.

Monturiol empieza entonces a estudiar un sistema de refrigeración interna, hipotetizando diversas soluciones. Pero el tiempo del Ictíneo está llegando a su fin. En pocos años el inventor comunista ha logrado crear la máquina submarina más avanzada de su tiempo, un submarino capaz de descender a grandes profundidades, moverse por el agua con su propia energía y garantizar a la tripulación buenas condiciones de habitabilidad bajo el agua de forma indefinida. Ahora ya solo le queda por resolver el problema de la refrigeración...

Pero ya no hay más dinero: la caja está vacía. Los estudios, los proyectos y las obras de construcción del barco han vaciado los bolsillos de Monturiol y de sus socios. El 23 de diciembre de 1867, la cuenta bancaria de la Navegación Submarina, la empresa de Monturiol, acaba irremediablemente en números rojos. Monturiol se ve obligado a liquidar a sus colaboradores y a suspender el proyecto. En vano el inventor hará todos los esfuerzos y probará todos los medios para convencer al Gobierno y a los inversores privados para que financien de nuevo una obra que permita a la humanidad enriquecerse con los tesoros del mar. Una obra —ahora a un paso de su realización definitiva— considerada como una inversión capaz de dar muy pronto sus frutos.

Pero aún no han madurado los tiempos para acoger favorablemente el invento de Monturiol: las autoridades militares se muestran muy reacias a aceptar la nueva arma insidiosa (y lo seguirían siendo, en casi todos los países, hasta el estallido de la Primera Guerra Mundial). Por otra parte, al mundo civilizado le cuesta ver en el sueño de Monturiol algo más que una de las muchas innovaciones tecnológicas de aquellos años, en los albores de la era industrial. Un invento hermoso, sí, pero que no genera beneficios inmediatos. En definitiva, un invento que, si no sirve para la guerra, tampoco sirve para la paz.

Al final, el Ictíneo II fue embargado por los deudores y demolido. Su motor acabará alimentando una fábrica textil; la madera se utilizará para construir barcos; y los ojos de buey de cristal, construidos para resistir la presión de las grandes profundidades marinas, acabarán como un extravagante adorno de un cuarto de baño.

En años sucesivos, Narcís Monturiol, amargado pero no doblegado en su ingenio, continuará escribiendo ensayos, artículos, dando conferencias y, como siempre ha hecho, inventando materiales y artilugios para mejorar la vida cotidiana: desde una cola líquida especial para pegar madera, hasta un innovador sistema para conservar los alimentos.

Pero esos inventos no son suficientes para sustentar a la familia. En condiciones económicas cada vez más apremiantes, en 1879, Monturiol acaba aceptando un trabajo como empleado de banco; y, en 1882, pasa a ser redactor del folleto informativo de la misma institución bancaria que lo contrató. Al menos ha vuelto a su trabajo de periodista. Cansado y desanimado, Monturiol se retira definitivamente del trabajo en 1883, y muere dos años después, pobre y completamente olvidado.

«El mundo es muy grande —había dicho Monturiol en una conferencia en 1874—, pero también es grande la inteligencia humana que lo comprende, lo describe y sabe utilizar sus fuerzas cósmicas en beneficio del progreso».

Solo en los años sucesivos, a partir de 1890, la figura y la obra de Narcís Monturiol serán revalorizadas y apreciadas. Y solo en 1888, treinta años después del primer Ictíneo y dieciocho después de la publicación de la novela de Verne, Isaac Peral, oficial de la Marina militar española, construyó el que se considera el primer submarino de guerra verdaderamente moderno, con casco de metal y a propulsión eléctrica, para la navegación bajo el agua. Y hubo que esperar hasta 1960, como veremos más adelante, para que un submarino civil diseñado únicamente con fines científicos y exploratorios, el batiscafo Trieste de Jacques Piccard, llegara al punto más profundo de los océanos en la fosa de las Marianas, a 11 000 metros de profundidad, como siempre había soñado Monturiol.

A pesar de todas las dificultades, el sueño de Monturiol había sembrado las semillas de un progreso y de un conocimiento del mar cuyos frutos aún hoy recogemos.

Hoy todavía me pregunto si fue él, Narcís Monturiol —el inventor del primer submarino civil autónomo de la historia, el soñador utópico y anarquista, el luchador por los derechos del hombre contra todas las potencias dominantes, el visionario que quiso navegar mucho más allá de veinte mil leguas bajo el mar—, el verdadero Capitán Nemo, el inspirador, o uno de los inspiradores de la novela de Jules Verne.

La hipótesis no es del todo nueva, ciertamente; pero por el momento no hay testimonios documentales. Sabemos que Verne, en abierta controversia con su editor, Jules-Pierre Hetzel, quería que su Nemo fuera un exiliado polaco animado por un odio implacable hacia los rusos y su zar. Hetzel, en cambio, no tenía ninguna intención de enemistarse con el rico mercado ruso y, al final, el compromiso al que llegaron convirtió al airado capitan Nemo en un personaje con un pasado misterioso. Seguramente no en un revolucionario catalán. No obstante, en la propia novela son muchas las huellas e indicios que ponen al Ictíneo y su inventor entre las fuentes de referencia, y es poco probable que Jules Verne no hubiera tenido la oportunidad de conocer la figura y la obra de Monturiol, un personaje público bastante conocido incluso fuera de España por los años en los que el escritor inició su exitosa carrera como narrador de historias fantásticas. Es difícil pensar que, en su minucioso trabajo de documentación sobre los distintos sistemas y prototipos de navegación submarina de la época —y efectivamente fueron diversos—, Verne no tropezara con alguno de los numerosos escritos y libros de Monturiol dedicados al arte de navegar bajo el mar, o no hubiera tenido noticia de sus ideas innovadoras y utópicas y de su submarino en forma de pez como el Nautilus. Máxime cuando en la edición de 1869 del anuario *Les Merveilles de la Science* (1867-1891) del gran divulgador francés Louis Figuier se publicó un extenso artículo que hablaba detalladamente del primer Ictíneo, y el anuario de Figuier tuvo una gran difusión en Francia.

Y no parece que sea casual que, en la novela, Nemo explique que la fuerza propulsora de su submarino, la electricidad, como él la llama, no se produce con metales terrestres, sino que se obtiene directamente del mar con un proceso químico: cloruro de sodio, cloruro de magnesio y de potasio, bromuro y sulfato de magnesio. Un procedimiento químico exactamente como el que había empleado Monturiol, y que ningún otro inventor de submarinos de su época había concebido siquiera.

Cuando Jules Verne, viajando desde su Nantes natal (Barcelona no queda muy lejos), visitó la Exposición Universal de 1867 en París, el Ictíneo de Monturiol, en sus dos versiones, era ya una realidad conocida y difundida a través de diversas publicaciones.

Y, quién sabe, quizá Verne y Monturiol incluso llegaron a conocerse personalmente y a intercambiar pareceres e ideas sobre cómo iba el mundo, sobre cómo superar los límites del conocimiento, sobre cómo viajar veinte mil leguas bajo los mares para mejorar la humanidad, aunque para ello pueda ser necesario luchar contra las injusticias con un «monstruo gigantesco» que emerja de las profundidades del mar.

Pero ese encuentro entre ambos es solo una hipótesis. O una buena ficción para una novela.

El incursor subacuático

A principios del verano de 2020, Aletarrota, el tiburón que castigará mis culpas, no se había movido mucho de la zona del sur del Mediterráneo donde llevaba varias semanas estacionado, y seguía dibujando garabatos en mi mapa electrónico. Podía ser que la señal del satélite se hubiera interrumpido por algún tiempo, no estoy seguro; pero seguí viendo las líneas rojas de su trayectoria entrelazarse en una especie de retícula que, tal como imaginaba mi mente enfebrecida, formaba un dibujo significativo, un símbolo, un bordado metafórico. En aquellos días en los que la pandemia de covid parecía abrir un rayo de esperanza, estaba obsesionado con la idea de casualidad, me parecía que detrás de cada acción, hecho o destino se celaba un propósito. Por ello encomendaba a Rebeca/Aletarrota la tarea de comunicarme ese destino, aún consciente de que todo ello no tenía ningún sentido.

Los destinos tienen recorridos aparentemente arbitrarios, como las líneas de seguimiento satelital de mi gran tiburón blanco. Pero, a veces, podemos señalar en ellos lo que consideramos que podrían ser puntos de inflexión, cruces, encrucijadas y rotondas en la vía de la realización de una vida. Tenía seis o siete años cuando mi padre me regaló una edición ilustrada, una adaptación infantil de *Veinte mil leguas de viaje submarino*. Se trataba de un volumen delgado, de gran formato y pocas páginas, publicado en 1965 por la editorial Europa en una colección dirigida por Roberto Borghi. El texto había sido resumido libremente por Sadestro y en la portada había una imagen de buceadores luchando con un enorme tiburón, junto a un cofre lleno de monedas de oro. Una ilustración cuyo boceto original compré a un anticuario tras haberlo encontrado por pura casualidad. Porque ese libro que me regaló mi padre luego hizo brotar en mí la pasión, e incluso la obsesión por el mundo submarino y por todo lo que ese mundo contiene y comporta. Así que, cuando no hace mucho encontré el boceto original de la portada de aquel libro, pensé que sí, que había un destino en lo que nos sucede, por mucho que yo mismo lo quisiera negar.

Y, a propósito de los giros del destino y en beneficio de alguien que no soy yo, me viene a la memoria la historia de un hombre que transformó la responsabilidad de haber causado la muerte de cientos de hombres, desafiando las leyes del mar, en un compromiso y una lucha tenaz por la libertad y la justicia.

«Dedico estas notas a la memoria del Capitán Ianko Vukovic de Podkapelski de la Armada Austro-Húngara I. R., último comandante del Viribus Unitis, adversario de guerra que me dejó al morir un ejemplo inolvidable de generosidad humana».

No existen muchas dedicatorias al enemigo que se ha matado como esta, colocada en el epílogo de las memorias de Raffaele Rossetti, mayor y luego teniente coronel de Ingenieros Navales de la Real Marina Italiana, el hombre que la noche entre el 31 de octubre y el 1 de noviembre de 1918, junto con Raffaele Paolucci, hundió en el puerto de Pula (Istria) el Viribus Unitis, el buque insignia de la Armada austro-húngara. El libro en cuestión, *Contro la Viribus Unitis*, publicado en 1925, fue prohibido por el régimen fascista, lo que obligó a Rossetti, que pocos años antes había sido considerado un héroe de guerra y al que le había sido concedida la medalla de oro al valor militar, a irse de Italia en exilio voluntario.

Si tuviera que reflejar en el mar y en sus profundidades la razón por la cual un héroe de guerra se convirtió en un asceta del bien absoluto, triunfador de una vida de derrotas, como Raffaele Rossetti, tendría que dar un nombre a la luminosa y diminuta criatura marina que lo entregó al enemigo y, por tanto, a su destino. La criatura se llama *Noctiluca scintillans*. A fin de cuentas, fue ella, esa especie de ser microscópico bioluminiscente, que hoy levanta exclamaciones de júbilo entre los asombrados turistas de muchas playas del mundo cuando se manifiesta desde la noche de los tiempos en grandes masas fosforescentes, la que marcó un punto de inflexión en la vida de muchos hombres y, en particular, de Rossetti, aquella noche del otoño de 1918.

En junio de 1915, el mundo entero estaba en guerra. Era la Primera Guerra Mundial, y no sería la última. Lejos de los frentes de combate, en el arsenal de La Spezia, la base de la Marina Real Italiana, un joven ingeniero genovés, oficial de Ingenieros Navales, se ocupaba del mantenimiento rutinario y la reparación de barcos y otras embarcaciones.

La guerra en el mar causaba estragos en la otra costa de la península, la del Adriático, y ya sabemos cómo será: no habrá enfrentamiento alguno entre las flotas desplegadas. Con los nuevos armamentos y potentes acorazados, sería un suicidio para todos en un mar tan pequeño y estrecho, por lo que era mejor ser prudentes. Si en tierra los soldados se masacraban entre sí en una extenuante lucha de trincheras, en el Mediterráneo las flotas permanecían al resguardo en los puertos, dejando a los submarinos y a las pequeñas y rápidas embarcaciones armadas la iniciativa de librar una guerra rápida a base de emboscadas, escaramuzas, zonas minadas y torpedos.

En aquella mañana de junio de 1915, en el arsenal de La Spezia, el suboficial de máquinas Luigi Martignoni, al mando del explorador ligero Alessandro Poerio, unidad de guerrilla marítima destinada a sesenta y seis misiones en el Adriático, le pregunta al teniente Raffaele Rossetti por qué no se podría usar un torpedo como propulsor para atacar por sorpresa, de forma rápida e invisible, a las fuerzas navales austrohúngaras atrincheradas en sus puertos de Istria, en Fiume, o tal vez en Pula, donde está amarrado el grueso de la flota enemiga. Rossetti es ingeniero y, a su manera, inventor, como muchos hombres vinculados al mar. Muchos años después, cuando ya sea un viejo héroe nacional olvidado que incomoda a todos, en el pequeño laboratorio de su casa, estando ya jubilado, inventará diversos aparatos para la vida cotidiana que nadie se interesará nunca en producir ni comerciar, como una manta eléctrica de bajo consumo o una plancha de calentamiento rápido.

Pero aquel día aún estaba por suceder todo, y Rossetti no le dio demasiada importancia a la idea del ingeniero Martignoni, ya que hacerse arrastrar por un torpedo para traspasar barreras de todo tipo y atacar a barcos enemigos implicaba toda una serie de problemas técnicos de estabilidad y maniobra de difícil solución. Pero en algún rincón del cerebro del joven ingeniero se fue abriendo paso la idea, como ocurre cuando una fantasía, un proyecto pide espacio porque es algo que tiene que suceder tarde o temprano. Y sucederá.

Tres meses más tarde, el 7 de septiembre de 1915, Rossetti inicia una serie de audiencias y consultas con sus superiores, a distintos niveles, para solicitar que implementen de forma experimental la idea que ahora ya ha hecho suya, de que «un hombre, valiéndose de un medio flotante dotado de motor de aire comprimido (que de modo experimental, y probablemente de modo definitivo, podría ser un torpedo) recorra, remolcado por este, un trecho de mar no menor a las treinta millas, de manera que le sea posible superar al amparo de la oscuridad las barreras de diversa índole dispuestas como protección de las bases navales enemigas, y penetrar en una de ellas para llevar a cabo la misión que las autoridades superiores establezcan en aquel caso».

Hay una guerra en marcha, y nada mejor que un conflicto bélico para agudizar el ingenio humano. En el fragor de la guerra hay mucha gente que propone inventos, proyectos y maquinarias que pueden servir para atacar o defender. Y los mandos superiores, ante todas esas propuestas, posponen la respuesta, se lo piensan, prometen considerarlo...

Rossetti insiste, diseña, proyecta, trabaja en su idea. Los altos mandos no lo toman en consideración. Es más, lo tratan con suficiencia: ¡qué idea tan descabellada! Él continúa. Adapta un traje de buzo y modifica un torpedo B 57. Con la complicidad de un subalterno, el marinero de cubierta Giuseppe Sanna, un hombre callado, paciente y fiel, expescador y analfabeto, Rossetti trabaja clandestinamente para poner a punto su invento, al que llamará *mignata*, 'sanguijuela': un torpedo modificado de ocho metros de largo, seiscientos kilos de peso y apenas sesenta centímetros de diámetro, que se mueve con motor de aire comprimido guiado por dos incursores, dos personas situadas a ambos lados del mismo y sujetas a una gran manilla central y, en algunos casos, incluso a horcajadas del torpedo. La *mignata* no tiene timón. Para cambiar de rumbo, los dos operadores tienen que empujar del lado al que quieran ir moviendo con fuerza brazos y piernas. El único mando de propulsión es la llave de la válvula de registro que abre, cierra o regula el flujo de aire comprimido desde el depósito a la máquina. Otras válvulas regulan la carga o el vaciado del tanque de compensación de la popa para ajustar la flotabilidad. La *mignata*, que cuenta con un sistema de inmersión y salida a superficie regulado por dos válvulas, lleva en la ojiva dos cargas explosivas con un temporizador, cada una de las cuales contiene ciento ochenta kilos de TNT, que se habrán de fijar a las quillas de los barcos enemigos en el puerto para hacerlas explotar.

Los experimentos en el agua, realizados también de manera ilegal, que se llevaron a cabo de noche en el mar de La Spezia pasando bajo las narices de la guardia armada de seguridad, demostraron que el dispositivo realmente funcionaba de maravilla. Solo había un pequeño problema: la *Noctiluca scintillans*, aquel pequeño ser luminiscente que se ilumina nada más tocarlo y que, cuando el torpedo coge velocidad, lo rodea de una brillante luz azul, el resplandor de un halo delator en la oscuridad de la noche cerrada, una broma de las criaturas marinas capaz de revelar la presencia secreta del combatiente, anulando cualquier acción bélica. Es un problema sin solución, lo será para todos los futuros incursores submarinos. Y contra ello no se puede hacer nada, solo mantener una velocidad lenta para reducir la luminiscencia. Pero todo el resto funciona. Y finalmente hasta los altos mandos se dan cuenta de ello.

En la primavera de 1918, casi tres años después de plantear el primer esbozo de su idea, Raffaele Rossetti obtiene el permiso oficial para los experimentos. Sin embargo, la guerra ya está llegando a su fin: el 6 de octubre se difunde la noticia de la oferta de armisticio hecha por Alemania al presidente de los Estados Unidos, Thomas Woodrow Wilson. Rossetti escribirá en sus memorias: «Nunca olvidaré aquella noche: la suspensión de las hostilidades parecía inminente y, con ella, el fin de mi proyecto operativo que el esfuerzo de tres años había acercado a la realidad. ¡Cuánto egoísmo el mío al anteponer mi pasión personal a la idea de tanto sufrimiento ahorrado por el más rápido final de la guerra!».

De todos modos, hay que apresurarse. Por fin se decide la fecha de la operación, el 31 de octubre. El plan está listo. El torpedero PN 65 partirá de Venecia con la *mignata* a bordo, seguido por Mas 95, la lancha armada torpedera al mando de Costanzo Ciano. Al llegar cerca de la costa de Istria, al amparo de la oscuridad, la Mas remolcará la *mignata* lo más cerca posible de la entrada al puerto fortificado de Pula. Desde allí, dos incursores, arrastrados por el torpedo, habrán de superar las barreras defensivas y entrar en el puerto donde se encuentra anclada la flota enemiga.

El compañero de Raffaele Rossetti en esta misión será el médico Raffaele Paolucci. En vano Rossetti solicitó llevar consigo al fiel Giuseppe Sanna, pues, para la Armada, un simple marinero analfabeto no podía formar parte de una empresa como aquella. Por lo tanto, la elección recayó en Paolucci, un voluntario decidido, de confianza, valiente y destinado a una brillante carrera parlamentaria durante el fascismo. Rossetti recordará a su compañero como «un joven pálido, más bien delgado, de expresión dulce, de modales correctos y algo reservados». Los dos, Paolucci y Rossetti, no podían ser más diferentes por naturaleza, carácter e ideas. Sin embargo, la misión que han de llevar a cabo requiere entre ellos una compenetración absoluta. Y, durante toda la empresa e incluso después, a lo largo de los años, cuando sean ya sustancialmente enemigos, los dos permanecerán unidos por un fino pero resistente hilo de fraternidad.

Fotografías aéreas del puerto de Pula e informes de la inteligencia mostraban a las escuadras navales austrohúngaras ancladas en orden en el puerto fortificado de la ciudad de Pula, en el extremo de la península de Istria. Toda la flota enemiga estaba allí, en reposo, protegida por cañones, diques y barreras, pero tan indefensa a los ojos de la Historia. Entre las unidades ancladas, se habían identificado en fotografías aéreas los tres mayores buques acorazados austrohúngaros: Viribus Unitis, Tegetthoff y Prinz Eugen. Un cuarto buque, el Santo Stefano, gemelo del Viribus Unitis, yacía ya en el fondo de las aguas de la isla de Premuda, tras haber sido hundido en junio del año precedente por la Mas de Luigi Rizzo.

El primer objetivo de Rossetti y Paolucci será, por tanto, el acorazado Viribus Unitis, buque insignia y orgullo de la flota, valorado en sesenta y siete millones de coronas, botado en 1911 en Trieste, de veinte mil toneladas de peso, ciento cincuenta y dos metros de eslora, y blindado con acero al cromo-níquel. El Viribus Unitis es el belicoso rey del mar, lleno de cañones que desde el inicio de la guerra nunca han disparado un solo tiro. Pero hundirlo sería una hazaña capaz de cambiar el giro de la guerra.

A las 22:13 horas del 31 de octubre de 1918, la lancha Mas 95 comandada por Costanzo Ciano llega a la entrada del puerto de Pula arrastrando la *mignata* a la que están agarrados Rossetti y Paolucci. La presión del aire en el depósito del torpedo es de doscientas cinco atmósferas, la misma que la de una botella de buceo moderna. Los dos, vestidos con un traje de goma de operadores de lancha neumática y con una ridícula capucha impermeable que solo deja al descubierto los ojos y las orejas, parecen extraterrestres sacados de una película barata de ciencia ficción.

Tras soltar el cable remolcador que los une a la Mas, Rossetti y Paolucci dicen en voz baja «¡Viva el rey!» y se ponen en marcha a una velocidad de dos nudos hacia los diques del puerto de Pula impulsados por el silencioso motor de aire comprimido. Del agua solo emergen los hombros y las cabezas de los dos asaltantes; podrían parecer basura flotante habitual si no fuera por esas pequeñas criaturas fosforescentes del mar que se encienden inmediatamente creando un halo luminoso alrededor del mortífero artefacto.

Para evitar ser descubiertos, Rossetti y Paolucci reducen la velocidad y, al cabo de un cuarto de hora llegan al primer obstáculo, la barrera de la parte externa del dique, una hilera de largos cilindros metálicos unidos por un cable de acero. Apagan el motor y se deslizan a lo largo del cable haciendo fuerza con los brazos.

Según el plan previsto, una vez finalizado su cometido, sea con éxito o sin él, Rossetti y Paolucci tienen tres posibilidades: salir del puerto de Pula remolcados por la *mignata*, si todavía queda aire comprimido para accionar el motor, y llegar hasta la Mas 95, que los estará esperando toda la noche en las proximidades de aquella barrera externa; o bien evitar la captura dirigiéndose hacia Rovigno, a cuarenta kilómetros hacia el norte, donde una lancha preparada por los servicios secretos en la zona de Fontane los estará esperando todas las noches desde el 2 al 7 de noviembre. La tercera posibilidad es la de ser capturados o asesinados.

Después de casi cuatro horas metidos en el agua helada de finales de octubre superando todo tipo de obstáculos, cadenas y barreras, en parte propulsados a motor y en parte con la fuerza de los brazos, orientándose en la oscuridad total como proteos[3] en el agua de una cueva, después de haber pasado bajo las narices de centinelas somnolientos de guardia en los diques, y de luchar contra la corriente que los envuelve y arrastra, con cuidado de no forzar la marcha para no encender de luz azul a los pequeños seres del mar, Rossetti y Paolucci llegan finalmente bajo la imponente silueta de un acorazado. Es el Viribus Unitis, sin duda alguna. A diferencia de otros buques atracados en el puerto, que están completamente a oscuras, el barco, que se encuentra en el sector más interno y protegido del puerto, está muy iluminado. Las luces de cubierta y las de los camarotes están encendidas; lámparas y bombillas brillan en la noche como en una fiesta, como si los peligros de la guerra estuvieran en otra parte y no allí, en aquella base, en aquel mar, en aquella noche. Las luces del Viribus Unitis casi parecen anunciar la conclusión de aquel enorme conflicto que ha agotado a todos, que ha debilitado imperios y naciones, y que ahora con suerte está llegando a su fin, sea cual sea.

La luz de a bordo ayuda a los dos asaltantes, que solo tienen que colocar las ojivas explosivas bajo el costado de la nave, activar el temporizador y escapar, siguiendo el procedimiento ya experimentado en las ejercitaciones. Durante más de una hora, Rossetti y Paolucci, sumergidos en las oscuras aguas bajo una

3 El proteo (*Proteus anguinus*) es un pequeño reptil blanco presente en cuevas de Eslovenia, Croacia, Bosnia y Herzegovina. [N. de la T.]

lluvia torrencial, trabajan en torno al vientre metálico del gigante, intentando resolver una serie de imprevistos. Uno es el del dispositivo de la carga explosiva que se resiste a obedecer, luego la corriente que los arrastra, la brújula inundada, la *mignata* que empieza a hundirse por la popa, porque la válvula de inundación, quién sabe por qué, se ha abierto. El tiempo pasa y una pálida y nublada aurora se abre paso en la noche.

Poco después de las cinco, en el Viribus Unitis suena la trompeta del toque de diana y el buque insignia empieza a animarse. A bordo hay algo menos de mil tripulantes, porque, aunque Paolucci y Rossetti aún no lo saben, todos los marineros de nacionalidad austriaca y húngara han sido desembarcados, solo quedan a bordo eslovenos y croatas, que comienzan el día sin tener la menor sospecha de que la vida pronto acabará para trescientos de ellos. Rossetti y Paolucci se dan prisa. Alguien desde el puente arroja al mar cenizas y basura que caen al lado de Rossetti. Desde arriba les llegan voces, ruidos, algunas risas. Rossetti coloca la carga explosiva bajo la sala de máquinas principal de la nave y pone en hora el reloj: la explosión se producirá al cabo de dos horas, a las 6:30. O al menos eso cree, porque, en la oscuridad, en el agua fría y con visibilidad reducida, no es fácil regular un temporizador.

Una vez finalizado el trabajo, Rossetti nada hacia Paolucci, el cual, mientras tanto, después de haber desenganchado el dispositivo explosivo, se ha alejado para ponerse a salvo y lo espera agarrado a la *mignata* a cincuenta metros del barco. Después de tomar nuevamente el control del torpedo, los dos se dirigen a tierra, en dirección paralela al buque insignia recién minado.

Paolucci, en voz baja, incita a su compañero a ir más despacio. Pero Rossetti tiene prisa, la misión está casi cumplida, es mejor escapar cuanto antes. Y, en ese momento, estimuladas por el motor de aire comprimido del torpedo modificado, las pequeñas criaturas del mar se iluminan todas al mismo tiempo, coronando de una intensa luz azul a los dos incursores semisumergidos con sus extraños trajes y capuchas de seres de otro planeta.

Desde la cubierta del Viribus Unitis, donde la *corvée* de la mañana está en pleno apogeo, alguien los ve al otro lado de la proa. Un reflector en la cofa de proa se enciende y los enfoca, iluminándolos como si fuera de día. Los dos se detienen con la esperanza de ser confundidos con algún resto de naufragio flotante. El reflector permanece fijo sobre ellos, pero nadie dispara. Paolucci y Rossetti se dan cuenta de que pronto llegará una lancha motora para ver qué es aquello que flota. No hay modo de escapar, la *mignata* no puede superar las tres millas por hora. Entonces Paolucci activa el segundo torpedo, Rossetti abre los tanques de inmersión y el aparato queda libre para ir bajo el agua a donde quiera, tal vez para chocar contra alguna otra cosa en el puerto. Y, por la lógica ilógica de toda arma, el torpedo ciego terminará centrando y hundiendo a un inofensivo carguero de vapor del Lloyd austríaco, llamado Wien, destinado a uso de nave dormitorio.

Mientras tanto, una lancha se acerca a ellos, los detiene y los sube a bordo, ante el asombro de los marineros. La lancha se acerca al flanco izquierdo del acorazado, y Rossetti y Paolucci suben al puente del Viribus Unitis por la escalerilla de cuerda. Nada más subir a bordo de la nave enemiga gritan «¡Viva Italia!», pero los marineros los miran como si estuvieran locos. «¿Cómo habéis entrado en el puerto?», les pregunta un marinero en dialecto istro-véneto. Rossetti miente y le dice que los arrojaron al mar desde un hidroavión. Para su gran sorpresa, Rossetti y Paolucci son tratados con cordialidad, casi como si fueran invitados inesperados, pero bienvenidos a una fiesta que languidece.

De pronto, Rossetti se da cuenta de que el distintivo de las gorras de los marineros no es el de la Armada austrohúngara, sino el tricolor del recién creado reino separatista de los eslavos. Los dos asaltantes italianos no lo saben, nadie se lo ha dicho, pero unas horas antes el vicealmirante de la Armada austrohúngara, Miklós Horthy de Nagybánya, considerando el hecho inequívoco de que la guerra está perdida, ha dado la orden de arriar la bandera de la dúplice monarquía por última vez, entregando toda la flota naval al nuevo gobierno de los eslavos del sur, para que sus barcos no se conviertan en presa de guerra de los italianos.

Así pues, aquel barco recién minado ya no es enemigo. Han sido años de esfuerzos, planes, proyectos, ensayos y tragos amargos, para una misión que ahora parece tener poco sentido. Pero la guerra aún no ha terminado, las órdenes son órdenes y la operación debe completarse. Sin embargo...

Rossetti y Paolucci de pronto no saben qué hacer, cómo comportarse. Se consultan, hay un breve intercambio de opiniones y deciden que es hora de salvar tantas vidas como sea posible. Rossetti solicita ver al comandante, mientras Paolucci permanece en el puente, donde los marineros le despojan de su capucha de alienígena. Rossetti es conducido a la cabina del nuevo comandante de la Armada yugoslava, Janko Vuković de Podkapelski, a quien solo unas horas antes le ha sido entregado el Viribus Unitis y el resto de la flota austrohúngara. Rossetti entra en la cabina y se encuentra ante el contraalmirante recién ascendido y vestido ya con su nuevo uniforme oficial. Se trata de un croata al que Rossetti recordará en sus memorias como «un hombre alto, robusto, de carácter afable». Las fotografías de él que han pasado a la historia nos muestran, en efecto, a un hombre con un aire bonachón, inteligente, algo socarrón, que por su aspecto reposado estaría bien detrás del mostrador de una taberna escuchando a sus parroquianos contar historias y lanzando todo tipo de sentencias de sabiduría popular para alejar la tristeza. El mundo es lo que es, más vale tomar lo mejor que se pueda, hasta que el destino, de cualquier modo, llame a la puerta.

Ahora Rossetti y el contraalmirante están solos en la cabina. Son las seis, queda muy poco tiempo. El asaltante italiano se lo explica sin rodeos: el barco corre un peligro inminente. Janko Vuković de Podkapelski, en perfecto italiano, le pide a Rossetti que se explique mejor. Rossetti le responde que no puede decir más. El oficial lo mira. Cae en la cuenta:

su barco está minado. Le pregunta al italiano si otros barcos en el puerto también están en peligro. Rossetti le dice que no, solo el Viribus Unitis. Sin responder ni preguntar nada más, Vuković coge un chaleco salvavidas y sale del camarote seguido de Rossetti, ordenando en alemán a todo aquel que encuentra en su camino que abandone el barco inmediatamente. Rossetti y el contraalmirante llegan a cubierta, donde Vuković repite la orden. Casi en silencio, en una atmósfera irreal, los marineros del Viribus Unitis, un poco aturdidos, abandonan el barco, algunos se sumergen en el mar, otros suben a los ya abarrotados botes salvavidas que han sido rápidamente dispuestos.

A la luz gris de la madrugada, el tiempo parece ralentizado, suspendido. Rossetti pregunta al comandante si él y Paolucci también pueden ponerse a salvo. Vuković le dice que sí. Sin perder más tiempo los dos descienden al mar desde la escalera de popa y se alejan del casco nadando. Rossetti todavía lleva su traje de buceo; Paolucci, en cambio, ha sido despojado de él, está protegido solo por un calzón largo de lana, y al cabo de un rato sufre un ataque de hipotermia en el agua helada. Rossetti lo socorre lo mejor que puede, lo ayuda, y de vez en cuando consulta su reloj. La explosión debería producirse a las 6:30, pero podría ocurrir incluso antes. La regulación de la hora del temporizador en aquellas condiciones no era precisa. Mientras se alejan de la nave, a las 6:20, se acerca una lancha que los sube a bordo. Alrededor hay gente nadando hacia la orilla, otras barcas repletas de marineros pasan silenciosas mientras llegan nuevas chalupas del cercano acorazado Tegetthoff, que entretanto ha sido alertado.

Pasan los minutos sin que se produzca ninguna explosión. Rossetti y Paolucci son conducidos de nuevo para ser interrogados a bordo del Viribus Unitis, donde gran parte de la tripulación todavía se encuentra en cubierta junto con el comandante Vuković. Al parecer se ha corrido la voz de que es todo mentira, que no hay ningún peligro, pero ¿quiénes son esos dos italianos fanfarrones? Varios marineros maldicen, se agitan, alguno comienza a cortar el traje impermeable de Rossetti para registrarlo.

Son las 6:44. En ese momento explota la carga bajo la quilla del acorazado. «Un estallido breve y sordo —recordará Rossetti— acompañado de un considerable temblor en todo el barco y de una alta columna de agua espumosa a lo largo del costado derecho». Parece poca cosa, en el fondo. Pero el Viribus Unitis, herido, se escora enseguida a estribor y comienza a hundirse. Así pues, era verdad, aquellos dos habían minado el barco. Algunos marineros rodean a Rossetti y Paolucci, quieren encerrarlos en algún lugar abajo, en los alojamientos, para que se hundan con el hermoso acorazado que han minado. Rossetti protesta: «Actuamos con lealtad», dice, «estamos en guerra y solo cumplimos con nuestro deber. Una represalia sería injusta e ilegítima». El contraalmirante Vuković está de acuerdo con él: nada de violencia. El oficial, con su impecable uniforme y el chaleco salvavidas, aleja a los marineros más agitados y ordena personalmente desde la popa que se acerque un bote de remos para salvar a los dos italianos que acaban de destruir su barco.

Rossetti mira a su alrededor. En el alba lívida, en unos pocos y eternos minutos se produce el naufragio. El Viribus Unitis, herido y exhausto, se escora a estribor. Alrededor se oyen gritos ahogados, voces de marineros que no saben nadar. «Desde lo alto de las superestructuras —recordará Rossetti— un arcón mal asegurado cae sobre la cubierta y salta al mar, como si también él estuviera animado por su propio deseo de escapar».

Janko Vuković de Podkapelski, tranquilo, casi impasible, sobre el puente inclinado sigue dando órdenes para calmar los ánimos de los marineros más excitados. Rossetti se quita el traje de buzo y baja por una cuerda junto con Paolucci hasta el bote de remos que se aleja de la nave agonizante. «Asisto así al fin de la nave —escribirá Rossetti—. Una vez que el agua llega al trancanil de estribor, estando aún gran parte de la nave fuera del agua, de repente vuelca con una rapidez impresionante. En pocos segundos de la nave nada más emerge el amplio plano del fondo de la quilla y las cuatro hélices, rodeado de un marco de humo, llamas y objetos flotantes, mientras una ola se va expandiendo en torno, en torno...».

Su compañero Paolucci cuenta: «Aparece en el aire la quilla inmensa, verdosa, hundiéndose lentamente. Y sobre la quilla hay un hombre que sube, que llega a la cima, que se detiene derecho». Es el contralmirante Janko Vuković de Podkapelski. Se hundirá con su barco, engullido por el mar, y su cuerpo nunca será encontrado (según otras versiones, el almirante, herido en la cabeza, murió posteriormente en el hospital). En el cementerio de la Marina de Pula, solo una placa recuerda, como así está escrito, su «muerte heroica».

Entretanto, en la barca donde se han salvado Rossetti y Paolucci, algunos marineros lloran. Uno de ellos desahoga su dolor invocando a su Viribus, que desaparece entre las olas junto con su comandante y más de trescientos marineros que no han logrado salvarse.

Rossetti escribirá: «Todo mi largo esfuerzo se convierte ahora en una sensación de vacío y de consternación. Ante el tremendo espectáculo, voy diciendo para mí: "Y esto es obra mía". Quizás este sea el principio de la larga crisis que luego subvirtió todas mis convicciones».

La culpa

La noche del 1 de noviembre de 1918, pocas horas después de haber hundido el acorazado Viribus Unitis mediante una acción audaz, los oficiales de asalto de la Regia Marina italiana, Raffaele Rossetti y Raffaele Paolucci, descansan sanos y salvos encerrados en la cabina del cercano acorazado Tegetthoff, anclado en el puerto de Pula. Los subieron a bordo y los trataron con deferencia, invitándolos a comer en la sala de oficiales. Se les dijo que no eran prisioneros, sino huéspedes, y que serían tratados como tales. No obstante, en su cabina sería mejor encerrarlos con llave.

El sucesor del recién fallecido Vuković, el capitán de fragata Methodio Koch, reprende, de todos modos, a los dos asaltantes: haber atacado una nave yugoslava es un acto por el que deberían ser procesados. «Yo —escribirá Rossetti— le respondo que, al ingresar en Pula, desconocía el cambio de nacionalidad de la Fuerza Naval; Paolucci y yo lamentamos que nuestra empresa, dirigida contra un acorazado austriaco, haya destruido una nave que, en el intervalo, se había convertido en yugoslava». Y, además, «dado que aún no existe un armisticio entre la Armada italiana y cualquiera que esté presente en Pula, la operación llevada a cabo por nosotros no deja de ser perfectamente legítima».

Tras firmarse el armisticio, habiendo regresado como hombres libres a la Italia victoriosa, Rossetti y Paolucci recibirán la medalla de oro al valor militar, y los dos serán recibidos y considerados como unos héroes del país cuya hazaña se relatará en los libros de texto de las escuelas.

Pero el destino de cada hombre está ligado al de la Historia, y casi nunca lo que deberíamos ser será lo que seremos. Del oscuro fondo del mar, en aquel recóndito punto del Adriático, de los restos del acorazado volcado y silencioso, hundido en el fango, emergen poco a poco los fantasmas de los marineros fallecidos en el naufragio y reclaman que se les rindan cuentas.

Los primeros problemas para el héroe italiano Raffaele Rossetti comenzarán transcurrido un mes desde el final de la guerra. De hecho, en diciembre de 1918 descubre accidentalmente que en algún lugar, en las altas esferas, con decretos que lo sufragan, la Marina militar quiere asignar al comandante Costanzo Ciano, el oficial bajo cuyo mando se había llevado a cabo la operación de Pula —destinado a convertirse en una estrella brillante del fascismo ahora en ascenso— no solo el mérito de la empresa, sino también el de haber inventado la *mignata*, «la sanguijuela», el prototipo de torpedo de largo alcance, antepasado de los actuales medios de asalto submarinos.

Además, también según decretos y ordenanzas, a Costanzo Ciano le será conferida una parte de la recompensa por el hundimiento del Viribus Unitis. Una «enorme recompensa», calculada en base al valor real del acorazado hundido que debía dividirse entre Rossetti y Paolucci y que, en cambio, ahora se dividirá en tres partes.

Es demasiado. Rossetti no está de acuerdo y reacciona contrariado. Desde que vio volcarse la nave que él había hundido, desde que vio morir en el mar, por culpa suya, a tantos hombres, al enemigo que no era enemigo, algo en su alma de una sola pieza comenzó a resquebrajarse. El hombre y el héroe ya no se llevan tan bien. Se buscan el uno al otro, pero no siempre se encuentran. Y ahora también la Regia Marina se mete de por medio. Se da cuenta de lo que está pasando. Él es un oficial de la Ingeniería Naval, una fuerza auxiliar, pertenece a los que están detrás de las líneas de fuego, como Sanidad, Avituallamiento, y no queda muy bien coronar a un héroe que no forme parte de las unidades de élite, de aquellos valientes que van al ataque sin poner peros; en definitiva, de los que están en primera línea.

La verdad es que quieren dejarlo de lado, quieren dar el mérito a los que están por delante, bajo la luz gloriosa de los albores de un nuevo régimen.

Entonces Rossetti parte lanza en ristre e inicia una serie de recursos judiciales, cartas de protesta y vehementes coloquios que concluirán un año después con el parcial reconocimiento oficial de las razones del héroe.

Pero ahora algo se ha roto. Mientras Raffaele Paolucci, condecorado como él, ascendido y rico gracias a la recompensa por su operación de guerra, una vez licenciado continúa su carrera de médico y político hasta convertirse en miembro del Parlamento, Raffaele Rossetti, condecorado, ascendido y rico gracias a la recompensa, emprende un camino opuesto.

Sin decir nada a nadie, Rossetti dona «cientos de miles de liras» de su recompensa por el hundimiento del barco a la viuda y al hijo del difunto comandante Janko Vuković de Podkapelski. Luego, una vez licenciado, cuelga el uniforme y se retira, alternando su tiempo entre Santa Margherita Ligure y Génova, con la idea de vivir en paz junto con su devota esposa María, disfrutando de la naturaleza, el mar y la tranquilidad. Solo desea ser un hombre libre.

Pero eso no durará demasiado. Los «camisas negras» de Mussolini se están apoderando de Italia y ser hombres libres en el nuevo régimen no resulta tan fácil. Italia, la patria de Rossetti, esa patria de hombres libres por la que él dio tanto, luchó y mató, ahora flaquea bajo los empellones del nuevo régimen. Y los fantasmas que salieron del fondo del mar siguen aún allí pidiendo cuentas de lo que Rossetti ha hecho, de lo que Rossetti es y quiere ser.

El 4 de abril de 1923 en Santa Margherita Ligure, durante la celebración de una fiesta patronal, se convoca una reunión pública de grandes grupos fascistas. «Pensé —escribirá Rossetti— que había llegado el momento de expresar abiertamente mi pensamiento mediante una afirmación de libertad». El héroe de Pula se mezcla así con la multitud en la plaza, mientras el orador da una conferencia imitando al Duce y deshaciéndose en alabanzas al fascismo. Y entonces Rossetti pasa al ataque: «¡Viva la libertad! —grita de pronto por encima de la voz del orador— ¡Abajo el fascismo! ¡Viva la Italia libre!». Tras un momento de estupor, se desata la gresca. Rossetti recibe un golpe en la nuca con un palo. Mientras un grupo de exaltados se abalanza sobre él, otros lo defienden. Rossetti recibe también un puñetazo en la nariz y una patada en el estómago «donde todavía siento dolor».

Entre sus defensores, figura el honorable Cesare Maria De Vecchi, conde de Val Cismon, uno de los cuadrumviros de la marcha sobre Roma que, al reconocer al héroe nacional, lo protege y vela por su seguridad. Antes de ser llevado a la comisaría de Génova, donde permanecerá encerrado durante horas «para su protección», Rossetti llega al cuartel de los *carabinieri* bajo vigilancia, mientras fuera un pequeño grupo de exaltados grita: «Ven aquí, ven, Rossetti, que te arrancamos la piel a tiras».

A partir de ese momento, luchar contra el fascismo será el único compromiso del héroe nacional Raffaele Rossetti: «No siento odio hacia nadie —dirá—, sino repugnancia hacia cualquier tipo de violencia sistemática y continuada. Todavía tengo mucha fe en los italianos. Espero que sepan abrir los ojos a tiempo y sepan buscar su salvación, que está en los nobles sentimientos —que no puedo creer que hayan desaparecido en nuestro pueblo— de la solidaridad humana y del bien entendido patriotismo y libertad».

La policía política lo vigila y dispone que un agente lo siga. En los casilleros de la Dirección General de Seguridad Central, una ficha lo describe tal como es visto: «Edad 42 años - altura aproximada 1,70 - complexión bastante robusta - frente alta - tez morena - rostro bastante relleno - boca normal - ojos marrones - mirada vivaz - cabello castaño y bastante canoso - bigote fino - andar ligero - camina con la cabeza gacha sin mirar a la gente a la cara - viste con elegancia - su aspecto no es distinguido, parece más bien un trabajador. En Rapallo siempre lleva pantalones de estilo militar con polainas negras y botas alpinas y va siempre sin sombrero».

En noviembre de 1924, Rossetti decide publicar un libro en el que reconstruye la hazaña de Pula, titulado *Contro la Viribus Unitis*. Son páginas en las que se relata con detalle casi obsesivo, sin intención polémica pero con minuciosa precisión, la génesis de la empresa, su desarrollo y los problemas que siguieron con los altos mandos de la Marina militar. Algunos pasajes fueron publicados con antelación en *La Voce Repubblicana*, y eso fue suficiente para que el libro nunca llegara al público: mientras el volumen aún estaba en la imprenta, un incendio de evidente origen fascista devastó la tipografía, quemando todas las copias. El régimen ahora vigila cada paso de Raffaele Rossetti; su nombre desaparece de los libros escolares: cuando se menciona la hazaña heroica de Pula, solo aparecen los nombres de Raffaele Paolucci y Costanzo Ciano.

Un año después de la destrucción de su libro, en otoño de 1925, Rossetti decide abandonar su amada patria y partir hacia Londres en exilio voluntario. En esos meses, con el plomo salvado del incendio de la imprenta, logra imprimir una nueva edición de *Contro la Viribus Unitis*, cuyos ejemplares, de todos modos, alguien hace desaparecer de la circulación en Italia. Pronto su esposa María se reúne con él en Londres, donde, mientras tanto, Rossetti ha entrado en contacto con el socialista Gaetano Salvemini, que se encuentra temporalmente en la capital británica, después de haber sido arrestado y juzgado en Italia por su actividad antifascista. Salvemini introduce a Raffaele y María en los círculos de los expatriados italianos y les ayuda a encontrar un trabajo para ganarse la vida. Ambos, como recordará María, imparten «las típicas lecciones de italiano a quienes van de viaje a Italia». Pero eso no les da para mucho, solo lo suficiente para juntar el almuerzo con la cena. Además, el ambiente londinense es oscuro y hostil: «En Inglaterra —escribirá María Rossetti— todos eran fascistas por naturaleza; hubieran preferido un Mussolini no violento, pero, por lo demás, estaban convencidos de que el fascismo era una cosa muy buena para Italia. Y así nos las arreglábamos para sobrevivir, y poco a poco se fueron desvaneciendo nuestras esperanzas de encontrar un trabajo estable...».

En 1926, de nuevo por recomendación de Salvemini, la pareja partió hacia los Estados Unidos, donde esperaban encontrar trabajo y un compromiso político más activo. En Nueva York, mientras los anarquistas Sacco y Vanzetti acaban en la silla eléctrica acusados de matar a un contable y a un vigilante de la fábrica de zapatos Slater and Morrill, Raffaele y María entran en la colonia de refugiados italianos donde conocerán a Mario Einaudi, Carlo Sforza, Arturo Labriola y a otros ilustres antifascistas. Rossetti inicia una gira por varias ciudades de América para contar en diversos colegios y clubes su aventura como héroe y explicar cómo están realmente las cosas en la lejana Italia. Los dos exiliados sobreviven gracias a algunos pequeños trabajos de sastrería y de traducción para ella, y de traducciones y colaboraciones periodísticas para él.

Retorno a la acción

Hasta que, en 1928, algo cambia. Una vez más es el mar el que llama a Raffaele Rossetti. Una vez más es el mar el que actúa como escenario de la necesidad de acción del antiguo incursor. Una vez más será en el mar donde tal vez logre acallar aquellas voces que siguen atormentándole desde los pecios hundidos del Viribus Unitis.

La llamada le viene de Londres. Salvemini y Alberto Tarchiani han tenido la idea de realizar una operación clamorosa: organizar la fuga de la isla de

Lipari[4] de algunos confinados excelentes, entre ellos Carlo Rosselli, Emilio Lussu, Gioacchino Dolci y Francesco Fausto Nitti. El plan prevé llegar de noche con una barca a las proximidades de la isla, subir a bordo a los compañeros confinados y largarse, obviamente sin que los guardianes los pillen. Una operación de incursores del mar. Así pues, ¿quién mejor que el héroe de Pula para intentar el *blitz*?

Rossetti se sube al primer barco con rumbo a Londres y, cuando a primeros de junio regresa a Nueva York a bordo del Aquitania, es un hombre feliz: le han confiado la operación Lipari, la fuga del confinamiento. Por fin puede volver a la acción. Alberto Tarchiani, un acérrimo antifascista, hábil político y futuro diplomático, que fue el primero en pensar en implicar a Rossetti, recordará así el encuentro con el héroe de Pula: «Mi primera impresión de Rossetti fue algo contradictoria: el hombre me gustó y me convenció; la confusión de sus ideas político-místicas me asustó. Pero él era un valiente, tenía fe, una voluntad férrea; había sido técnico naval y especialista en golpes de mano. ¿Quién podría ostentar mejores títulos que los suyos?».

Pero la misión no empezará bien. Rossetti, tras partir hacia Nueva York desde Londres, no vuelve a dar noticias suyas por dos meses. Marion, la esposa de Carlo Rosselli, y el propio Salvemini lo viven con ansiedad.

4 Lipari, la isla del archipiélago de las Eolias fue en el pasado utilizada como colonia penal por las garantías que ofrecía en términos de seguridad; huir de Lipari era una empresa ardua. [N. de la T.]

Raffaele Rossetti, cuyo nombre encubierto es Jack, reaparece inesperadamente en agosto en París, con el propósito de encontrar en Francia el medio naval adecuado para la empresa de Lipari. Para pasar más desapercibido, prefiere operar lejos de la costa y acaba en Sartrouville, un municipio francés de la región de Île de France, donde, no se sabe cómo, encuentra una vieja lancha motora de competición trucada, que mide ocho metros de largo y está dotada de lo que Tarchiani, perplejo, definirá como «un potente, pero extraño motor de aviación alemán —un residuo bélico— que en el Sena, y en cortas distancias, alcanzaba una velocidad de 25-26 nudos [...], con ruido y explosiones infernales. Los golpes y sacudidas que aquella lancha, relativamente frágil, sufría durante las pruebas eran tales que, estando en ella, se tenía la desagradable sensación de que podía volar en pedazos».

Es evidente que Rossetti tenía muy claro que la única manera de lograr que la operación de sacar a los prisioneros de la isla de Lipari tuviera éxito pasaba por la sorpresa y la rapidez de acción. Por ello decide instalar otro motor más pequeño y menos ruidoso en la lancha de competición para acercarse a la isla. Para evitar a los espías fascistas, decide llevar la barca —que entretanto ha bautizado como Sigma— hasta el Mediterráneo a través de la maraña de canales del Sena y del Ródano. En el afán de desarrollar un plan perfecto, el proyecto se complica. Rossetti se obceca en encontrar soluciones que desde el principio alarman cada vez más a Tarchiani y a los otros conspiradores. Pero él no atiende a razones y se empecina en su idea.

El barco parte con el propósito de cruzar los canales del Sena y del Ródano, pero el viaje resulta demasiado lento y, en Châlons-sur-Marne, Rossetti toma la decisión de cargar la extraña lancha en un camión, que entre mil dificultades llegará a Lyon. Allí cambia repentinamente de planes y, en lugar de hacer que la Sigma parta de Marsella para llegar a Lipari, decide que la ruta más corta y segura debería comenzar desde la costa no italiana más cercana a la isla; es decir, desde Túnez. Después de nueve días de navegación en un transbordador, el 9 de noviembre de 1928 la Sigma empaquetada aterriza en Túnez, donde la aduana francesa la secuestra debido a una serie de dificultades burocráticas imprevistas.

Mientras tanto, en Lipari, los prisioneros Rosselli, Lussu, Dolci y Nitti, informados del rescate por los servicios de inteligencia antifascista, se preparan. Tienen tres citas posibles: las noches del 17, 19 y 21 de noviembre deberán encontrarse en el agua en un punto determinado de la costa. Si la lancha no llega, tendrán que dar marcha atrás. Emilio Lussu contará: «En un intento, en noviembre, nos dimos inútilmente un largo baño en el agua helada. Fue un milagro que no nos descubrieran, porque volvimos empapados. Las trompetas del Castillo ya habían tocado la retirada y a los pocos minutos la ronda de control pasó por nuestras casetas».

Los peligrosos baños fríos se repitieron inútilmente en los días establecidos, mientras el invierno avanzaba a grandes pasos con sus marejadas y tormentas. Pero los presos aún no sabían que la empresa ya había naufragado.

El 15 de noviembre, tras resolver finalmente los trámites de aduana, Rossetti, a bordo de la Sigma, parte de la costa africana en dirección a Lipari, afrontando al mar embravecido con la lancha, que arrastra un tambaleante remolque flotante cargado con bidones de gasolina como combustible de reserva. Pero pronto se rompe la cuerda, el remolque se pierde y la Sigma por poco queda a la deriva. Rossetti se ve obligado a regresar y a buscar refugio en un puerto africano antes de regresar de nuevo a Túnez.

La misión ha fracasado, pero Rossetti no se rinde. Tarchiani recordará: «Rossetti no era un hombre que renunciara fácilmente a una empresa. Así que propuso quedarse en Túnez con la lancha motora para idear nuevos dispositivos e ingenios mecánicos que, según sus expectativas, la harían perfectamente eficaz. En primavera intentaría de nuevo la expedición en condiciones atmosféricas normales y con buenas probabilidades de éxito, confiando firmemente en que lo lograría».

Todos en la comunidad de exiliados antifascistas reconocen el coraje y la audacia del héroe de Pula. Pero es demasiado terco, ya no se puede confiar en él y, al final, de hecho, Rossetti es dejado de lado.

La hazaña de Lipari tendrá éxito al año siguiente, cuando la noche del 27 al 28 de julio de 1929, otra lancha motora, bautizada Dream V, en la que iban a bordo el capitán de la marina mercante Italo Oxilia, Gioacchino Dolci (que mientras tanto había descontado una parte de la pena, se había exiliado a Francia y ahora regresaba para liberar a sus compañeros) y Paul Vonin, zarpó de Túnez, y en Lipari, evadiendo la vigilancia (la policía confundió la lancha con las luces apagadas con la de la Dirección), subió a bordo a Rosselli, Lussu y Nitti.

En los meses precedentes, Rossetti había permanecido en Túnez con su esposa María, con la intención de llevar de regreso la Sigma a Francia. En aquellas semanas, a pesar del fracaso de su operación, Rossetti siguió trabajando en la embarcación para aportar nuevas mejoras. Se había encariñado con ella, recordará Tarchiani, «como con un amigo infeliz perseguido por la mala suerte y detestado por todos».

Decepcionados y resignados, Raffaele y María regresan a Francia y se instalan en París. No tienen dinero, no tienen trabajo. Poco a poco también se han ido distanciando del entorno político de los exiliados. Él, medalla de oro al valor militar, que había hundido el Viribus Unitis, ha fracasado en lo que ha conseguido hacer un simple marinero. Sufre crisis depresivas: «Cae en una terrible depresión nerviosa —referirá María— que lo mantuvo alejado de todos durante tres años, reo de la angustia y del pánico. Temía que me mataran. Se sentía rodeado de terribles asechanzas. Sin embargo, siempre callaba, eran cosas que yo intuía y que me hacían comprender los días terribles que debía de estar pasando».

Entre 1933 y 1934, la situación se estabilizará de alguna manera. Rossetti encuentra trabajo como impresor, regresa a la actividad política, participa en la fundación de Justicia y Libertad, y entra en el Partido Republicano. En Italia es buscado, su número señalético es el 20674; en Francia está metido hasta el cuello en las actividades del partido, pero también en las peleas de la galaxia de exiliados antifascistas. Políticamente se orienta cada vez más hacia la izquierda. La policía fascista denuncia sus «frecuentes viajes a la Unión Soviética». En 1930, también planeó una operación al estilo de Gabriele D'Annunzio para lanzar folletos desde un avión sobre Génova; pero la Ovra —la policía secreta fascista— interceptó el plan y arrestó al piloto.

En 1935, Rossetti volvía a estar a merced de sí mismo. El enredo político en el que se ha metido le atrae críticas de todos los lados; sus antiguos amigos antifascistas de París lo han abandonado. Y el resultado no se hace esperar: sin ninguna protección política, el 8 de abril recibe una orden de expulsión de Francia por ser considerado un individuo «peligroso». Logra aplazar la fecha de ejecución de la orden y, mientras tanto, se encierra cada vez más en sí mismo. Maletín en mano, se dedica exclusivamente a su labor de linotipista, aprovechando el poco tiempo libre que le queda para trabajar en algunos proyectos técnicos, en algunos de sus inventos, como un sistema de salvamento para barcos en caso de naufragio: un artefacto con cierre hermético que permite desalojar a los pasajeros sin que haya contacto traumático con el agua, como le había ocurrido a tantos marineros durante el hundimiento del Viribus Unitis. Presenta el proyecto a varias compañías de navegación e incluso a Marinas militares; pero no obtiene ninguna respuesta.

El 22 de diciembre de 1939, la policía francesa detiene a Rossetti y lo lleva a Modane, municipio del departamento de Saboya, para entregarlo a la policía italiana. Pero, para su gran sorpresa, no lo arrestan. De hecho, cuando les pregunta a los policías si puede regresar a Rapallo, estos le dan el consentimiento. Según los últimos informes de la Ovra, Raffaele Rossetti ya es inofensivo. Hace tiempo que no ejerce ninguna actividad política, no tiene ninguna relación con el antifascismo y, dado que, le guste o no, sigue siendo una gloria nacional, aunque haya sido depurado, es mejor dejarlo en paz, que se las arregle por su cuenta.

Rossetti se encierra con su esposa María en la villa familiar de Rapallo, donde crea un pequeño laboratorio en el que da rienda suelta a su vena creativa. Allí desarrollará algunos inventos para uso doméstico, entre ellos el de una manta eléctrica de bajo consumo y una plancha de calentamiento rápido.

En los primeros días de abril de 1941, mientras el mundo se precipitaba en la Segunda Guerra Mundial, Rossetti se presenta al tipógrafo Luigi Memo de Milán y le pide que le enseñe a utilizar el teclado italiano de la linotipia, que es diferente del francés. El 1 de mayo de 1941, una fecha nada casual, presenta una solicitud a la oficina competente del Ayuntamiento de Milán para obtener un permiso de trabajo. Pronto encontrará ocupación como impresor en la histórica imprenta Pirola de Milán y todo el período dramático de la guerra, los bombardeos, la República de Salò, la caída del fascismo y la ocupación aliada lo pasará así: yendo y viniendo de Rapallo a Milán, trabajando modestamente como tipógrafo.

Una vez terminada la guerra, la Italia de la nueva República encuentra de nuevo a Raffaele Rossetti en la arena política. Ha entrado a formar parte del Consejo municipal de Santa Margherita Ligure y, en abril de 1948, se presenta a las elecciones al Senado como candidato independiente por el Frente Social-comunista de la circunscripción de Lucca, feudo de la Democracia Cristiana. Naturalmente no resulta elegido, del mismo modo que queda fuera también en las sucesivas elecciones. Entiende a los votantes, como dirá más tarde: son pocos ya los que lo reconocen como a un héroe nacional o luchador antifascista. Lo cierto es que su alma quijotesca, ligada a un ideal absoluto de justicia y democracia, tras las aberraciones del fascismo, lucha por comprender la nueva situación política italiana, que le parece caótica y hostil. Pero no se rinde.

Su batalla política continúa en los escaños del Ayuntamiento de Santa Margherita Ligure, donde ha sido elegido concejal independiente por una lista comunista y jefe de la oposición al gobierno de la ciudad que está en manos de la Democracia Cristiana. Para la praxis política del momento, Raffaele Rossetti es un revolucionario democrático, un idealista, y por consiguiente un ingenuo, un fracasado. Sin embargo, él ha logrado una sólida serenidad interior: los fantasmas del Viribus Unitis lo han comprendido, lo han absuelto. A quienes le recuerdan la lejana y heroica operación de Pula, Rossetti les responde que allí el único verdadero héroe fue el comandante Vuković.

En el poco tiempo que le resta de vida se consagra a los pobres y desfavorecidos. Emprende una batalla personal —que perderá— para evitar el desalojo de un orfanato ilegal. Cuando la Marina militar de la joven República italiana se presenta para informarle de que, en consideración a sus difíciles condiciones económicas, se le donará una suma de dinero, él acepta solo con la condición de que el importe total se abone en la cuenta del Instituto para los mutilados civiles de la guerra. Incluso rechaza una tarjeta gratuita para utilizar la red de tranvías: en los transportes públicos pagará el billete como todos los demás.

Raffaele Rossetti murió el 24 de diciembre de 1951, a la edad de setenta años. En su funeral fueron muchos los que pidieron llevar el ataúd a hombros.

En las aguas fangosas del fondo del puerto de Pula, entre los pocos restos que quedan del acorazado derribado por los dos buzos italianos al finalizar la Primera Guerra, ya nada se mueve. Solo, en la noche, alguna vez, minúsculos fantasmas luminosos, como mágicas sirenas, encienden su pequeña luz azul.

3
Los incursores de la Décima Mas

Lampedusa

Más tarde, a finales del verano de 2021, cuando la pandemia de covid-19 parecía haberse tomado un descanso permitiendo que medio mundo respirara aliviado por la flexibilización de las restricciones sanitarias, yo estaba convencido de que finalmente vería de nuevo a Rebeca/Aletarrota. Estábamos cerca, aproximadamente a menos de doscientas millas, no más. Según el trazado satelital, el gran tiburón blanco se había desplazado más al norte, hacia Malta, mientras yo me sumergía en las claras aguas que rodean la isla de Lampione, el archipiélago de las Pelagias, el punto más meridional de Italia, a dieciocho kilómetros de Lampedusa. Un escollo de doscientos metros de largo que emerge de la placa continental africana.

El objetivo de la expedición del Centro Studi Squali (Centro de Estudio de Tiburones) en septiembre de 2021 era controlar la presencia en el fondo marino, a treinta metros de profundidad, de una colonia formada por una cincuentena de timidísimos tiburones grises presentes en la zona desde hacía años, pero solo recientemente descubiertos y estudiados por investigadores y científicos.

Nuestro grupo de trabajo estaba formado por una docena de voluntarios heterogéneos, alojados en un hotel de Lampedusa y coordinados por el jefe de la expedición Primo Micarelli y por la bióloga marina Francesca Romana Reinero. La rutina diaria preveía diana a las cuatro y media de la mañana, embarque a las cinco en la lancha motora Risal, y dos horas de indolente navegación en dirección al escollo Lampione, mientras poco a poco la luz deslumbrante de la aurora y luego del alba reemplazaban a la sideral de las estrellas.

Una vez llegábamos a la isla, durante las primeras horas de la mañana, equipados con los trajes de buceo y las botellas de oxígeno, realizábamos tres rondas de inmersiones en grupos separados, para intentar identificar, fotografiar y filmar a los tiburones grises que regresaban de la caza nocturna antes de que el sol estuviera demasiado alto. Todo ello respetando las normas de tutela del área marina protegida que constituye esa franja de mar.

No fue una expedición particularmente afortunada, los tiburones se hicieron desear bastante y, de hecho, solo un ejemplar acabó inmortalizado en una breve secuencia de vídeo, una sombra gris que se deslizaba entre las rocas del fondo, sinuosa y elegante, y que desapareció en pocos segundos en las profundidades azules llevándose consigo sus misterios. De todos modos, el programa de la expedición fue llevado a cabo, con la confirmación de que la colonia de *Carcharhinus plumbeus* en la isla de Lampione sigue siendo un valioso recurso natural. La brigada de tiburones grises aparece por allí a finales de primavera y desaparece a medida que avanza el otoño, cuando el agua comienza a enfriarse. No está claro de dónde vienen ni por qué eligen pasar el verano justo al lado del islote de Lampione. Probablemente proceden del golfo de Gabes, en Túnez, o de la bahía de Bonkuc, en Turquía. Lo cierto es que pasan los meses cálidos en esas aguas, el único punto de avistamiento en Italia considerado un *hotspot* privilegiado para desarrollar proyectos de protección y salvaguardia de los elasmobranquios.

Porque además de atraer a científicos y estudiosos, los tiburones grises de la isla de Lampione también han puesto en marcha el *shark tourism* en Italia, un turismo centrado en la observación de tiburones en su entorno natural a través del *snorkel* y el buceo. Una forma creciente de ecoturismo que implica a casi 400 empresas repartidas en 83 localidades de 29 países diferentes de todo el mundo con una facturación anual de 314 millones de dólares. Un negocio del que disfrutan 590 000 turistas y cuya actividad da empleo a nada menos que a 10 000 trabajadores del sector.

Las repetidas inmersiones durante aquellos días de expedición, además de suscitar un moderado afecto hacia los ingratos tiburones grises que se sustraían a nuestra necesidad de conocimiento, llenaron mi cuaderno con apuntes de otro tipo: una serie de breves anotaciones sobre el entramado del mundo globalizado junto con extemporáneas reflexiones sobre el tiempo profundo y las antiguas culpas.

A alimentar el primer tema contribuyó el descubrimiento bajo el agua, cerca de las escarpadas paredes de la isla de Lampione, del rastro dejado por los numerosos inmigrantes que desde hace años confían cruzar estas aguas con la esperanza de una vida mejor.

Durante nuestras incursiones submarinas en busca de tiburones, era frecuente encontrar teléfonos móviles ya completamente llenos de agua, documentos empapados pero todavía legibles, pequeños motores fuera borda abandonados en el fondo y otros objetos arrojados recientemente al mar o perdidos quién sabe cuándo por los emigrantes —decenas de miles cada año— en su dramático camino hacia los muelles de Lampedusa. Era una especie de museo sumergido de la inmigración, donde en el paisaje verdinegro del fondo marino blanqueaban, fluctuando como incongruentes medusas, hojas de permisos de residencia temporal u otros documentos hundidos, con las fotografías y los nombres y apellidos de las personas procedentes de las costas occidentales de Libia, entre Trípoli, Gasr Garabulli y Zuara, o desde la costa tunecina, entre Susa, Monastir y Sfax. Huellas de vidas a la deriva, incluso rotas, o que tal vez habían acabado trágicamente, y que diseñaban un mapa del entramado plural en el que estamos inmersos, literalmente.

En el silencio de aquel mundo submarino, interrumpido solo por el sonido del aliento expulsado a través de los autorrespiradores, mientras nadábamos en abanico con impulsos lentos y regulares de las aletas, esperando ver aparecer entre el azul profundo la silueta de un tiburón plúmbeo, frente al cristal de la máscara se materializaban de tanto en tanto los restos contemporáneos de identidades perdidas o abandonadas. Rostros de jóvenes de mirada severa —más hombres que mujeres— fijados en las fotos identificativas tamaño carné y asociados a nombres como Ayubu, Abdul, Chimelu, Hamidi, Talib... y muchos otros, surgían como fantasmagóricos peces en el panorama yermo del fondo, en una muda y fragmentaria narración de lo que eran aquellos migrantes y de lo que habrían querido ser.

Ahogo

Durante los días de la expedición a Lampedusa evité con mucho cuidado entrar en la aplicación y seguir los movimientos de Rebeca/Aletarrota en mi *smartphone.* La última lectura satelital indicaba que no estaba a más de doscientas millas de donde yo me hallaba y de donde estaba buceando. Los grandes tiburones blancos viajan a una velocidad media de cincuenta y seis kilómetros por hora, por lo que en solo ocho horas Aletarrota desde Malta podría haber llegado fácilmente a las aguas de la isla de Lampione para ajustar cuentas conmigo. No quería pensar en eso, así que no usé la pulsera con la aplicación que había traído.

En realidad no dejaba de pensar en ello, pero relegaba las ansias a la sentina del cerebro donde se depositan los molestos impulsos ligados a responsabilidades que no tienen mayor urgencia. Como las culpas, de hecho. Así, en la mañana del tercer día de expedición, corrí el peligro de ahogarme. Habíamos llegado a la isla de Lampione con los primeros rayos de un sol cálido que pronto se volvería muy caluroso. La lancha Risal atracó en el lugar permitido según las normas de la reserva y yo me dispuse a lanzarme al agua junto con el primer equipo. Éramos cinco más la guía, Francesca, la más experta del grupo. Durante las explicaciones previas a la inmersión, Francesca volvió a recomendarnos prudencia y, sobre todo, mucha atención. Nos desplazaríamos en abanico a unos treinta metros de profundidad, girando hacia el oeste, siguiendo el perímetro de la isla si las corrientes lo permitían, preparados para filmar y fotografiar los ejemplares de tiburón gris que habitualmente regresaban de la caza nocturna a aquella hora. Lo más importante era evitar movimientos bruscos, abandonar el grupo u otras ocurrencias similares. En definitiva, concentración, atención y disciplina.

El mar estaba en calma, límpido e invitante. No había corriente, al menos en la superficie, las condiciones eran ideales para bucear. Todos estábamos ansiosos por entrar en el agua, pero yo no estaba tranquilo. La imagen de la ágil silueta de Aletarrota vagando por la vasta extensión azul de aquel preciso sector del Mediterráneo, dispuesta a surgir de la nada como un enorme fantasma, se plasmó en el primer plano de mi conciencia, y de allí no se movió.

Entramos en el agua uno tras otro y pronto nos hundimos a una profundidad de treinta metros. Había exagerado con el lastre, estaba cayendo como un plomo, e inflar el chaleco equilibrador me sirvió de muy poco. Para mantenerme en orden y alineado con los demás me vi obligado a sacudir como loco las aletas, quemando oxígeno como un horno de herrería. De seguir así me habría quedado sin aire en la mitad de tiempo y, sobre todo, corría el riesgo de sentir ahogo, ese desagradable síndrome que se produce cuando el rápido consumo de oxígeno no permite eliminar el dióxido de carbono y este acaba por acumularse en la sangre dando la terrible sensación de asfixia, sin poder hacer nada para evitarlo.

A aumentar el ahogo contribuía el pensamiento fijo en Aletarrota. Me parecía sentir su presencia. Nada que ver con los tiburones grises. Planeaba sobre el fondo, que parecía una llanura desértica, tratando de abarcar el mayor campo visual posible, pero, claro está, no podía ver lo que había detrás. La visibilidad era amplia, pero no demasiada, y el azul oscuro de las profundidades se alzaba como un telón de fondo impenetrable y lo suficientemente distante para ocultar un pez grande. De repente, me pareció que algo había golpeado la botella a mi espalda. Suele ocurrir cuando te encuentras con un compañero de buceo despistado. Pero todos los demás estaban delante de mí, me había quedado detrás de la formación tratando de mantener el ritmo. El golpe se repitió, y entonces sufrí un ataque de pánico. Giré sobre mí mismo; pero, debido al exceso de peso, la maniobra no tuvo éxito, perdí completamente la flotabilidad y caí al fondo.

En ese momento me pareció ver pasar una sombra como un velo oscuro por encima de mí. Tal vez fuera solo sugestión, pero me invadió la sensación de ahogo. Tomaba grandes bocanadas de aire de la botella, pero no bastaba. Cuanto más respiraba, más sentía que me asfixiaba. Además, no sé por qué, el ordenador se había averiado, la pequeña pantalla de mi muñeca se había apagado. Ya no sabía a qué profundidad me encontraba, no estaba seguro de cuánto tiempo había pasado, solo que el manómetro ya no indicaba más de sesenta atmósferas. Corría el peligro de no poder regresar a la superficie en los márgenes de los tiempos de descompresión, y cada vez era mayor la sensación de ahogo.

¿Qué había pasado? ¿Cómo era posible que me encontrara en aquella situación? ¿Qué me había rozado alterando el equilibrio de mi cuerpo y mi mente?

El mar nunca está quieto, en el mar siempre sucede algo. El mar es la dimensión más adecuada para reflejar lo que los filósofos llaman relacionismo temporal: el tiempo es como la onda larga de los océanos, y lo que sucede no es más que la manifestación del momento justo en el *continuum* del tiempo. Lo que sucede debe suceder, y en ese momento, no en otro. Por eso sentí surgir de una región liminar del espíritu la ola de pánico. Aletarrota me había alcanzado, estaba detrás de mí, encima de mí, dentro de mí. El Gran Tiburón Blanco con su fuerza ancestral acabaría ahora con mi inútil vida, liberándome al fin de todas las cargas emotivas.

Pero el instinto de supervivencia me empujaba en la dirección opuesta: tenía que mantener la calma. No había ningún tiburón, ninguna amenaza, solo un principio de ahogo. Tenía que recuperar el equilibrio, alcanzar al grupo y seguirlo hasta la superficie. Si el aire no era suficiente, activaría la alerta de seguridad conectándome al dispositivo de aire de emergencia de un compañero, inflaría la boya de señalación. Algo habría hecho.

Y al final las cosas sucedieron así. Llegué hasta el grupo, le señalé a Francesca el manómetro defectuoso y la pantalla del ordenador en blanco. Mantuve la sensación de ahogo bajo control, en el lento ascenso a la superficie cada centímetro hacia arriba me hacía sentir más seguro y no tuve necesidad de tiempo adicional de descompresión. Salí con la aguja del manómetro a cuarenta atmósferas. Nadie se había dado cuenta del peligro que había corrido.

Pasé el resto de la mañana, antes del regreso a Lampedusa, escrutando la extensión azul del mar, dejando deslizar mis pensamientos sobre la onda larga del tiempo.

Objetivo: puerto de Nueva York

Alguien que no soy yo me pide ahora continuar el hilo de la historia que vincula las acciones del hombre con el mundo submarino. Como nos enseñó Monturiol, como demostró Rossetti, como veremos más adelante, esas acciones casi siempre están ligadas a razones de beligerancia. A nuestros defectos, de hecho. Y hay una deriva de esa violencia que encuentra su expresión en el mar, incluso cuando está ligada a algo que habría podido suceder y no sucedió.

En diciembre de 1943, unidades especiales de la Décima Flotilla Mas[5] habían diseñado un plan para atacar el puerto de Nueva York. El plan preveía llegar

5 La llamada Decima Flotiglia Mas («Décima Flotilla de Medios de Asalto con Siluros»), también conocida como la Décima o la X Mas, fue una unidad de comando de buzos militares de la Regia Marina italiana. [N. de la T.]

bajo el agua desde Italia hasta las costas americanas con un submarino que cargaría a sus espaldas otro más pequeño, de clase CA, diseñado por Giovanni Battista Caproni, de unos diez metros de largo y apto para emboscadas subacuáticas. Una vez hubieran llegado con el submarino hasta Fort Hamilton, al suroeste de Brooklyn, el minisubmarino con los buzos asaltantes a bordo se desprendería del barco nodriza y remontaría el río Hudson hasta llegar al puerto de la Gran Manzana, donde los buzos de la Décima, avanzando por el fondo del mar, atacarían con dispositivos explosivos especiales la flota allí fondeada. Los neoyorquinos asistirían estupefactos a una acción de guerra en su propio territorio, algo nunca visto surgiendo del fondo del mar. Desde el punto de vista estrictamente militar los daños serían limitados y de poca importancia, pero desde un punto de vista psicológico la acción tendría, según la Regia Marina italiana, un efecto devastador. Por primera vez en la historia, una potencia militar extranjera osaría atacar a Estados Unidos justo en su propio territorio nacional, una pesadilla que los estadounidenses han incubado desde hace tiempo y que continúan incubando.

En realidad ya había sucedido; o, más bien, estaba sucediendo. En el invierno de 1942, Alemania había lanzado la operación Paukenschlag, «golpe de tambor», mandando una jauría de submarinos a través del Atlántico y a lo largo de las costas orientales de Estados Unidos y Canadá con la intención de hundir el mayor número posible de barcos amarrados en puertos americanos. La operación dio buenos resultados: una decena de U-Boot, término alemán para denominar a los submarinos, logró hundir casi sesenta buques mercantes hasta que se les agotaron los torpedos disponibles, con un botín total de 170 000 toneladas. Nueva York también había acabado en el punto de mira, o más bien en el periscopio: incluso antes de la operación Paukenschlag, los submarinos U-Boot clasificados U-103, U-106, U-107 habían hundido ya quince buques mercantes en las proximidades de la Gran Manzana, que hacían un total de 77 000 toneladas de flota.

Los estadounidenses no estaban preparados para aquellas emboscadas. A pesar de que la inteligencia británica les había advertido de que los submarinos alemanes eran capaces de acercarse sigilosamente a la costa para lanzar sus torpedos, la alarma no se había tenido demasiado en cuenta, y los submarinistas alemanes no podían dar crédito al hecho de llegar de noche cerca de los puertos americanos con las brillantes luces de los edificios y rascacielos que dejaban ver perfectamente las siluetas de los barcos en el fondeadero. De hecho, los mismos mercantiles navegaban con las luces encendidas, porque les convenía más. Además, los radiotelegrafistas del Reich a bordo de los submarinos interceptaban alegremente todas las comunicaciones por radio a lo largo de los 2400 kilómetros de la costa oriental de Estados Unidos y Canadá, por otra parte, patrulladas por no más de veinte barcos de la Guardia Costera y un centenar de aviones. Por añadidura, la censura militar estadounidense, para evitar el pánico y no perjudicar al turismo, tendió a minimizar los efectos de las incursiones alemanas e incluso a no informar de ellas. De hecho, los submarinos, aun sin causar graves daños a las industrias bélicas, se divertían hundiendo buques mercantes anclados en los fondeaderos, hasta que la evolución de la guerra desplazó los objetivos de los submarinos a los convoyes que cruzaban el océano para abastecer a las tropas que operaban en Europa.

Sabiendo todo esto, la intención de los italianos era algo distinta: no bastaba con llegar a las costas enemigas, era necesario entrar directamente en la ciudad de Nueva York, una acción que hubiera tenido un impacto muy diferente, y no solo psicológico, sino también, por qué no, desde un punto de vista estratégico. El comandante de la Décima Flotilla Mas, Junio Valerio Borghese, estaba convencido de ello, y también estaban bastante convencidos los vértices de la Regia Marina. Incluso los hombres que entrenaron para la misión durante casi un año creyeron en ello, con esa confianza teñida de locura que distingue a toda empresa submarina.

El ataque al puerto de Nueva York, al que debería haber seguido una incursión similar en la base africana de Freetown, en Sierra Leona, no se concretó debido al armisticio. Pero todo estaba listo para la que hubiera sido sin duda la misión especial más espectacular de los medios de asalto de la Armada italiana desde el hundimiento del Viribus Unitis. La operación había sido encomendada, pues, a la Décima Flotilla Mas, una unidad de asaltantes cuyos orígenes se remontaban a fines de la Primera Guerra

Mundial. Tras el éxito —tal como era considerado— de la empresa llevada a cabo en Pula por Rossetti y Paolucci, la idea era seguir perfeccionando medios y sistemas para ataques y emboscadas submarinas.

El mundo submarino ejerce una atracción selectiva: quienes no lo conocen por experiencia directa tienden a observarlo con asombrado distanciamiento y no captan plenamente sus potencialidades, símbolos y significados. En cambio, quienes se han sumergido en él, por una razón u otra, suelen dejarse seducir por sus reclamos y depositan en el reino de las sirenas y los tritones sus mejores esperanzas. Y visiones.

Entre los distintos protagonistas del frustrado ataque al puerto de Nueva York, uno de los más visionarios fue sin duda Eugenio Wolk.

Lobo de los mares

Nacido en Chernígov, la actual Cherníhiv, en Ucrania, Eugenio Wolk, o más bien Wolkoff, descendía de una antigua familia noble ucraniana allegada a la corte de los zares, que huyó en 1917 primero a Constantinopla, luego a Taranto y, por último, a Roma, para evitar caer en manos de los revolucionarios bolcheviques. Como muchos otros aristócratas rusos que escaparon de la Revolución de Octubre y se refugiaron en Europa, el joven Eugenio se verá obligado a llevar una existencia precaria, sin ningún tipo de comodidades. Estudia en Normandía, luego en Suiza, y en 1927 obtiene la ciudadanía italiana. Tras graduarse, inicia sus estudios de ingeniería y en 1933, atraído por los vastos horizontes del mar, ingresa a la Academia Naval, donde permanecerá seis años hasta su nombramiento de alférez.

Tras ello, se embarca en el Vespucci, en el Cristoforo Colombo y en el crucero Fiume. Conoce, así, a algunos de los futuros protagonistas de la guerra en los mares, como Licio Visintini y Antonio Marceglia. Feroz anticomunista, dado lo que los bolcheviques le habían hecho a su familia, Wolk participa en la guerra de España, donde pone a prueba sus dotes de aventurero, emprendiendo misiones secretas para ayudar a los prófugos franquistas y manteniendo contactos y negociaciones entre los diversos bandos beligerantes gracias a su conocimiento de idiomas. Es un hombre hábil, culto y sin escrúpulos.

Después de varios destinos, al estallar la Segunda Guerra Mundial, Wolk participa en la batalla de Punta Stilo.[6] Tras ella, solicita embarcarse en el submarino Pietro Micca y, finalmente, en diciembre de 1941, será destinado a la Décima Flotilla Mas. Ingresa en la Escuela de Buceadores de la Academia de Livorno, entonces dirigida por Angelo Belloni.

Cuando Wolk conoce a Angelo Belloni, personaje extravagante y a su manera genial, este ya forma parte de la leyenda. Años antes, en 1914, en vísperas

6 La batalla de Punta Stilo (Calabria) del 9 de julio de 1940, entre las naves de la Royal Navy británica y la Royal Australian Navy contra la Regia Marina italina, fue el primer verdadero combate en el mar entre Italia e Inglaterra durante la Segunda Guerra Mundial, y en ella se vio la más alta concentración de armamento naval en el Mediterráneo durante todo el conflicto. [N. de la T.]

de la Primera Guerra Mundial, Belloni se había convertido en protagonista de un episodio que rayaba en la locura. Intervencionista apasionado, cuando era subteniente se había apoderado de un submarino de doscientas cincuenta toneladas recién construido en el astillero de Muggiano y destinado al Imperio ruso. La neutralidad italiana había bloqueado la venta del buque a los rusos, por ello a Belloni se le había metido en la cabeza robar el submarino, llegar con él a Albania y, con el apoyo político y logístico de Francia, atacar las naves de la Armada austrohúngara, provocando así una crisis que obligaría a Italia a entrar en la que ya se llamaba la Gran Guerra.

Ayudado por la tripulación, convencida de que participaba en una misión secreta y, por tanto, ignorando los verdaderos motivos que habían llevado al robo del submarino, Belloni llegó a Ajaccio para ponerse en contacto con los funcionarios del gobierno de París, los cuales no solo se negaron a apoyar aquella empresa, sino que advirtieron a Roma de lo que estaba sucediendo. El submarino, de la mano de las diplomacias, regresó tristemente a Italia sin Angelo Belloni, que fue juzgado y luego absuelto, porque, al final, Italia había entrado efectivamente en guerra contra Austrohungría. Después de la guerra, Belloni se retiró a la vida privada y compró para uso y consumo propio un submarino, el Galileo Ferraris, con el que profundizó sus estudios en el sector subacuático, realizando inmersiones e investigaciones en el mar Rojo. Sin embargo, su reputación como técnico experto del mundo sumergido era tal que, en 1940, a pesar de que ya había cumplido 58 años, estaba lleno de dolencias y se había quedado sordo por los barotraumas de sus muchas inmersiones (murió en 1957, en Génova, arrollado por un tranvía que no oyó llegar), la Royal Navy solicitó su reincorporación al servicio y le confió la dirección de la Escuela de Buceadores de la Academia Naval de Livorno.

Cuando Eugenio Wolk llega en 1941 a la idílica villa nobiliaria en la desembocadura del río Serchio donde se encuentra la base secreta para el entrenamiento en el uso de torpedos de largo alcance, se encuentra con un ambiente que roza lo surrealista. Como recordará en sus memorias: «Todo era tan secreto que en toda la Marina de guerra nadie sabía nada al respecto». En cuanto a Belloni, Wolk escribe: «Estaba completamente sordo, y en aquella época tenía una mentalidad a lo Jules Verne. Se le había metido en la cabeza que un submarino sería capaz de llegar delante de una base enemiga, posarse en el fondo y hacer que salieran de él los asaltantes. Y que estos, equipados con autorrespiradores, una carga explosiva de 50 kilos, brújula y manómetro de profundidad, emprenderían la marcha hacia el puerto enemigo con la idea de superar las barreras defensivas, atacar las naves y regresar».

Esto era ya, en buena medida, el esbozo de lo que debería ocurrir en el puerto de Nueva York, y era para lo que los buzos de la Regia Marina se entrenaban en secreto en aquellos años bajo la dirección de Belloni. A pesar de la cantidad de inventos y tentativas en todos los rincones del mundo para poder llevar al hombre a navegar sin problemas por el fondo del mar, desde Monturiol y sus antecesores en adelante, las técnicas de exploración submarina aún estaban en pañales. Pero era allí, en las bases secretas de la Regia Marina, donde se estudiaba la transición del viejo buzo al buzo moderno, experimentando con procedimientos y materiales que hoy parecen fantasiosos y, sobre todo, muy peligrosos.

La idea tan querida por Belloni de soldados en marcha por el fondo del mar, estaba, como reconoce inmediatamente el propio Wolk, «fuera de la realidad». Los experimentos de Belloni tenían algo de futurista e hiperbólico. Soldados de la Infantería de Marina llenos de buena voluntad arriesgaban su vida cada día en experimentos y ejercitaciones en las aguas de Livorno. Se sumergían en el agua equipados con un traje impermeable —por otra parte de óptima calidad— diseñado por el propio Belloni, con un autorrespirador de circuito cerrado acoplado a dos botellas, botas lastradas de buzo con punteras de bronce y provistas de dientes para evitar resbalones en el fondo fangoso, una brújula, un reloj de pulsera y un manómetro de profundidad. Además, el incursor llevaba a la espalda una bomba en forma de bidón que pesaba cincuenta kilos. Según el proyecto y el adiestramiento, el soldado equipado de aquella guisa tenía que salir de noche de un submarino posado en el fondo del mar, caminar bajo el agua en medio de la gélida y densa obscuridad dos o tres kilómetros entre corrientes imprevistas e insidias escondidas de todo tipo, superar las redes y barreras defensivas de los puertos, llegar hasta los barcos enemigos anclados en el fondeadero, colocar las bombas y regresar al submarino. Una completa locura, evidentemente.

Durante los ejercicios, como testimonia Eugenio Wolk, lo máximo que se logró alcanzar fueron tres kilómetros y medio de caminata agotadora sobre un fondo marino a una profundidad media de ocho metros, con el cruce de una zanja que llegaba a los quince. Un paseo que el mismo Wolk realizó desde el pequeño puerto de San Leopoldo de la Academia hasta el puerto de Livorno. Pero salió de la prueba exhausto, como recordará, con un «tremendo dolor de cabeza» provocado por la acumulación de dióxido de carbono, a pesar de la poca profundidad. Muchos hombres no resistían la prueba; en el mejor de los casos sufrieron hipoxemia, intoxicación por oxígeno, y tenían que volver a emerger rápidamente.

En suma, el ataque, tal como se había concebido, no podía funcionar. La imagen de *Veinte mil leguas de viaje submarino* de hombres armados caminando por el fondo del mar difícilmente podía llevar a los resultados deseados. Era necesario cambiar de táctica; es más, era necesario cambiar el modo de concebir la incursión subacuática entendida como el acercamiento de tropas al objetivo.

Wolk se da cuenta y habla de ello con Junio Valerio Borghese, figura compleja y controvertida, futuro comandante de la Décima Mas y protagonista en la posguerra del intento de golpe de Estado de diciembre de 1970. Los dos se entienden inmediatamente: eso no puede ser así, y la solución es la más obvia: los hombres en el agua no deben caminar, sino nadar. Los incursores no deben parecerse a guerreros medievales que marchan lentamente con sus armaduras, sino que más bien deben confundirse con los peces y moverse como ellos. Así que fuera las botas pesadas, fuera el lastre y el traje impermeable, y fuera todos los oropeles entorpecedores. Wolk diseña un traje de goma que ha de ser lo más resistente y adherente al cuerpo posible, debajo del cual el asaltante llevará un mono de lana y, sobre el mismo, otro mono ligero para protegerse de rupturas y desgarrones. Lazos ajustados en torno a brazos y piernas que sirvan para evitar el fastidioso aleteo del indumento, mientras que las rodillas y los codos quedarán libres para mejorar el movimiento, considerando la rigidez del traje de goma. Pero, sobre todo, Wolk adopta un nuevo accesorio que más tarde gozará de un éxito mundial y duradero: las aletas.

Se aplican también importantes modificaciones al respirador de circuito cerrado, con un sistema que ya prefigura los actuales chalecos equilibradores, al tiempo que se elimina la dependencia de la boquilla de la máscara, e incluso la máscara se elimina por completo: el saboteador submarinista lleva una capucha de lana con una red cosida que, colocada sobre la cara, le permite ver a través de ella, «pero visto desde fuera —precisa Wolk— parece suciedad o fragmentos de algas flotantes como las que hay en todos los puertos». Un poco la misma estratagema inventada por Rossetti (quien en aquellos años, recordemos, estaba ocupado luchando contra el fascismo).

Inevitablemente, Wolk y Belloni chocan. El segundo acusa al primero de irresponsable, por haber querido abolir incluso la máscara y la pinza nasal, solo para poner al asaltante en condiciones de ir lo más rápido y ligero posible; mientras que Wolk acusa a Belloni, no demasiado sutilmente, de intereses personales, dado que los departamentos especiales como son la Escuela de Buceo y la Décima Flotilla Mas están «autorizadas a tratar directamente con empresas privadas para el suministro del material necesario», y la colaboración con empresas como «Pirelli, fabricante de aparatos respiratorios autónomos y de material subacuático para buceadores, y con Cabi, que fabricaba piezas especiales para embarcaciones pequeñas, es particularmente estrecha».

Al final, Wolk gana, y los Hombres Gamma, tal como son denominados, armados y con aletas, están listos para sus primeras hazañas. La táctica desarrollada no es muy diferente de la aplicada años antes por Rossetti y Paolucci. Un grupo de buzos se embarca en un submarino. Una vez que llega frente al puerto enemigo, el barco se posa en el fondo o permanece en la superficie, dependiendo de las condiciones meteorológicas y del mar. Los Hombres Gamma salen y, una vez identificada la corriente adecuada, nadan hacia sus objetivos. Cuando llegan al barco señalado como objetivo, el asaltante se sumerge utilizando su chaleco equilibrador y, bajo el agua, llega a la quilla donde coloca la carga explosiva.

Secretos

La base secreta de la recién creada Décima Flotilla Mas se encontraba en la desembocadura del río Serchio, entre Viareggio y Marina di Pisa, en la propiedad de una familia noble, los duques Pietro

Giacomo y Averardo Salviati, descendientes de Maria Salviati, que fue la esposa de Juan de las Bandas Negras y madre del gran duque Cosme I de Médici. Se trata de un lugar salvaje, frecuentado únicamente por guardabosques, jabalíes y corzos. La Regia Marina pidió el usufructo a los propietarios, que aceptaron de buen grado ceder aquella residencia de caza cercana al arenal donde el río tiene los márgenes netos, ochenta metros de anchura y la profundidad suficiente para permitir la navegación de pequeñas embarcaciones de apoyo en todas las estaciones; mientras que en su desembocadura el fondo marino tiene un curso regular de baja profundidad hasta alcanzar luego, a dos millas de la costa, los veinte metros de profundidad. En definitiva, el lugar ideal para experimentar y desarrollar nuevos medios y técnicas de guerra submarina, como las «bombas autopropulsadas» o *maiali* («cerdos»), torpedos de navegación lenta perfeccionados por Teseo Tesei y Carlo Ceppi, medios de asalto que causarán muchos daños y quebraderos de cabeza a la Marina británica que, durante todo el periodo de la guerra, a pesar de la extraordinaria red de inteligencia y espionaje puesta en marcha, no logrará descubrir dónde está la base de la Flotilla, ni quiénes son ni qué medios usan los asaltantes de la que, a partir de 1941, se denominará Décima Mas. La cual, por otra parte, sirviéndose de lanchas explosivas lanzadas contra barcos enemigos y de los *maiali*, cabalgados por dos asaltantes submarinistas, ya está operando en los mares de todo el mundo. Si bien, sobre todo en la fase inicial, las empresas llevadas a cabo por la unidad fueron un desastre, con muchas pérdidas entre los tripulantes, como en el fallido ataque a Malta de 1941, luego mejorará con el perfeccionamiento de los medios y las estrategias. Logrará, así, éxitos que pasarán a la historia de las guerras en los mares, como el de la Bahía de Suda (25-26 de marzo de 1941), con el hundimiento del crucero York; o la operación de Alejandría, el 19 de diciembre de 1941, que hundió los acorazados británicos Valiant y Queen Elizabeth, acciones que privarían a la Royal Navy de sus mejores unidades de batalla en el Mediterráneo durante un largo período.

Mientras tanto, en la desembocadura del Serchio, encerrados en el secreto de su guerra corsaria, como recordará el propio Borghese, aislados en un ambiente cerrado, refractario a cualquier tipo de infiltración exterior, los operadores de los medios de asalto piensan solo en cómo luchar del mejor modo posible aprovechando el elemento que les es congenial: el mundo submarino. «La política —recordará Junio Valerio Borghese—, las ilusiones de una guerra breve, las repentinas exaltaciones por un éxito o las depresiones por un revés eran elementos que no afloraban a nuestra mente y no nos distraían de nuestro trabajo».

En ese clima es donde madura el plan de atacar Nueva York llevando hasta allí a un escuadrón de Hombres Gamma. Como hemos dicho, se trata de transportar sobre un submarino oceánico un pequeño submarino con los asaltantes a bordo, desengancharlo en el lugar propicio y llevarlo sumergido por el río Hudson hasta llegar al puerto de la Gran Manzana. Allí los Hombres Gamma saldrían del minisubmarino e instalarían cargas explosivas debajo de los barcos amarrados en el muelle oeste. Tras lo cual, los buzos regresarían al pequeño submarino, que volvería, aún sumergido, hasta el barco nodriza.

La elección del medio de asalto recayó en un minisubmarino de la clase CA, un pequeño prototipo creado por la empresa Caproni en 1938 con el objetivo de tender emboscadas en pasos obligados como los estrechos, crear barreras defensivas costeras o forzar bases portuarias enemigas. Como muchos otros prototipos similares de submarinos torpederos diminutos o enanos, desarrollados durante los años de conflicto por todos los países beligerantes, esta arma insidiosa tampoco funciona como debería: una vez probada en el mar imprevisible, muestra todas sus limitaciones técnicas en términos de estabilidad, fiabilidad y seguridad.

Por ello, después de una serie de pruebas, modificaciones y ajustes, los dos prototipos de submarinos CA construidos en gran secreto por Caproni, un año después de su lanzamiento, en 1939, fueron retirados a un almacén y olvidados.

Y es allí donde los Hombres Gamma irán a buscarlos con la intención de utilizarlos para atacar Nueva York. Los dos submarinos no se encuentran en buenas condiciones, y serán sometidos a toda una serie de adaptaciones, modificaciones técnicas y pruebas de inmersión tanto en el lago Iseo como en Venecia. Al final, solo uno de los dos barcos será considerado apto para el proyecto. Por otra parte, el submarino oceánico Leonardo da Vinci también ha sufrido una serie de modificaciones para poder transportar a lomos al pequeño CA-2, utilizando para ello una especie de cuna equipada con dos grandes ganchos metálicos en forma de pinza para mantener bloqueado el minisubmarino durante la navegación por encima y por debajo del mar. Será algo parecido al droide R2-D2 de la película *La guerra de las galaxias,* alojado en el caza Delta-7B de Anakin Skywalker.

Las pruebas comenzaron en septiembre de 1942 en la zona de Burdeos, donde se encontraba la base de submarinos Betasom, de la Regia Marina, instalada en la costa atlántica sur francesa en apoyo a la Alemania nazi durante la guerra en el océano Atlántico. El propio Junio Valerio Borghese dirigía las operaciones. El 9 de septiembre, el Da Vinci modificado se hace a la mar con la carga a cuestas para las pruebas de desacoplamiento y reacoplamiento del minisubmarino CA-2. «Esa fue sin duda», recuerda Borghese en sus memorias, «la primera vez que se vio el curioso espectáculo de un submarino navegando con otro más pequeño acurrucado en su lomo». La difícil maniobra de desacoplar y volver a acoplar el CA-2 se repitió varias veces y con éxito.

Cuenta también Borghese: «Después de haber navegado durante algunas horas en superficie y sumergido, me situé en la cuota de altura adecuada. Y a la orden de "¡Suéltalo!", el CA, liberado de los ganchos que lo unían al Da Vinci, se soltó de golpe y salió a la superficie chorreando, con el aspecto gárrulo y presuntuoso de un pato en un estanque. Alcanzado con una lancha pneumática por su tripulación, partió y dio varias vueltas a nuestro alrededor. Se había superado la prueba y se había dado un paso importante hacia la realización de nuestros planes futuros, que eran ciertamente bastante audaces. Animado por el éxito, quise intentar también recuperar de nuevo el CA en el mar. Después de llevar el Da Vinci a la cuota adecuada, el CA maniobró en la superficie para encontrarse en correspondencia con su alojamiento. Luego, introduciendo aire poco a poco y subiendo así lentamente el *Da Vinci* a la superficie, durante su trayectoria ascendente recogió el CA, por lo que cuando salió a la superficie el cangurito se encontró perfectamente instalado en el marsupio de su madre. Por lo tanto, como se había demostrado, nuestro proyecto era factible. Y tal como nos confirmaron otras pruebas, existía la posibilidad de transportar el CA en el dorso de un submarino hasta cerca de una base enemiga y posiblemente también volver a subirlo a bordo después de haber penetrado en el puerto y lanzado los torpedos contra el objetivo, o bien después de haber desembarcado a los saboteadores navales y haber regresado al mar abierto. [...] La misión contra Nueva York finalmente pasó de la fase de planificación a la fase de preparación».

La misión estaba inicialmente prevista para diciembre de 1942, cuando la luz del día era escasa y la oscuridad de la noche daba a los operadores más tiempo para penetrar en el puerto enemigo y colocar las cargas explosivas.

Pero las cosas no fueron como estaban previstas. Por diversas causas, la misión se pospuso un año, hasta diciembre de 1943. Mientras tanto, el

22 de mayo de 1943, cuando regresaba de otra misión de guerra, el submarino Da Vinci desapareció. Ese día el submarino que, modificado o no, seguía siendo operativo, lanzó un último mensaje de radio informando a la base de Betasom que iniciaba una navegación silenciosa. Se esperaba que el barco llegara a Burdeos al cabo de una semana, pero nunca llegó. Dos años más tarde, en 1945, el Almirantazgo británico confirmó que ese día de mayo el cazatorpedero Active y la fragata Ness habían emprendido un ataque antisubmarino con bombas de profundidad en el golfo de Vizcaya mientras escoltaban dos convoyes. Cuando desapareció para siempre en el abismo, el Da Vinci había realizado un total de doce misiones bélicas, una en el Mediterráneo y once en el Atlántico, y hundió diecisiete buques transatlánticos y mercantiles. No hubo supervivientes, y la Décima Flotilla Mas perdió el único submarino porteador y el único oficialmente habilitado para la liberación y el rescate del pequeño submarino tipo CA.

Unos meses más tarde, el 8 de septiembre de 1943, Italia anunció el armisticio con los Aliados. El CA-2 permaneció en Burdeos bajo control alemán y, cuando la ciudad fue evacuada en 1944, la embarcación fue abandonada. En 1945, el pequeño submarino se encontraba todavía en Burdeos, pero en un vagón de ferrocarril, colocado sobre bloques de madera y encadenado. Poco después sería demolido.

En cuanto a los saboteadores de la Décima Mas, tras el armisticio, una parte de los integrantes de la Flotiglia, todavía bajo el mando de Junio Valerio Borghese, siguió el destino de Mussolini y se unió a la Marina Nacional Republicana, mientras que otros permanecieron en el sur de Italia leales al rey y, junto con numerosos exprisioneros liberados de los campos aliados, reorganizaron la unidad con el nuevo nombre de Mariassalto. La unidad de la Regia Marina, con base en Taranto, continuará las actividades bélicas bajo las órdenes de los Aliados.

Saboteadores

En cuanto a Eugenio Wolk y a su grupo de Hombres Gamma, tras el armisticio todos siguieron a Borghese, poniéndose al servicio de la República Social mussoliniana. En abril de 1945, cuando se precipita la situación, y está claro que la Italia fascista ha perdido la guerra, Wolk, como una especie de coronel Kurtz de *Apocalypse Now*, decide continuar su guerra privada bajo el mar para hundir la flota enemiga.

A estas alturas, él ya ha desarrollado sus propias ideas de lo que significa luchar. Mientras está en Valdagno, cerca de Vicenza, con sus Hombres Gamma, Wolk se entera de que los alemanes han minado el puerto de Venecia. Su plan pasa ahora por llegar a Venecia con algunos Hombres Gamma de confianza, cortar los cables eléctricos que activan las minas sumergidas y, tras haber salvado el puerto, permanecer en la ciudad de la laguna para atacar desde allí las naves de los Aliados que luego utilizaran el puerto. Él solo contra todos.

Sin embargo, durante el viaje a Venecia, Wolk y sus hombres fueron capturados el 26 de abril en Treviso por un grupo de partisanos de la brigada Boccia durante un tiroteo con una unidad alemana en retirada. Por unos días, Wolk y sus hombres (con él están el teniente Paolino Zanotti, el sargento motorista Enrico Wolner y el sargento Mario Scarpa) son llevados prisioneros de un lugar a otro. Wolk con toda su cara dura protesta diciendo a los partisanos que les están impidiendo ir a salvar Venecia de los alemanes, y que serán denunciados ante el Comité de Liberación Nacional. El comisario político de la brigada Boccia era «Marco» —nombre de guerra—, un ucraniano nacido en la misma ciudad que Wolk, Chernigov. «Marco» era miembro del Komsomol, la Unión de Juventudes Comunista Leninista Pansoviética, y, cuando los alemanes invadieron Ucrania, «Marco» fue capturado y enviado a Austria condenado a trabajos forzados. De allí huyó y, tras cruzar los Alpes a pie, se unió a los partisanos italianos.

A pesar de pertenecer a bandos opuestos, Wolk y «Marco» se entienden inmediatamente. Hasta el punto de que este último advierte al primero de que con toda probabilidad él y sus Gammas serán fusilados. «Marco» no puede impedirlo, pero, si Wolk y sus hombres intentan escapar, hará la vista gorda. En el intervalo, llega la orden del Mando de las Fuerzas Aliadas para que los partisanos suspendan las ejecuciones y depongan las armas. Wolk y sus hombres son entregados al Comité de Liberación Nacional, que deberá llevarlos a la prisión de Treviso. Pero, durante el traslado a pie desde Cartiera Burgo a Mignagola, donde se encuentra el mando de la brigada Boccia, Wolk y sus Hombres Gamma logran escapar: disfrazados de partisanos, con pañuelos rojos al cuello y salvoconductos robados a la escolta, suben al autobús de Treviso a Venecia y llegan tranquilamente a la ciudad de la laguna. Allí los cuatro se separan: Zanotti parte hacia Romaña, y Wolner y Scarpa también se van con la intención de encontrarse de nuevo en la isla de Sant'Andrea, identificada como base para la limpieza de minas del puerto.

Es el 8 de mayo de 1945. En Venecia, Wolk encuentra refugio en Palazzo Barbaro, un maravilloso edificio gótico del siglo XV, situado en el barrio de San Marco, con vistas al Gran Canal. El edificio es propiedad del tío abuelo Aleksandr Vólkov, o más bien Alessandro Wolkoff, pintor, químico, cineasta, exguionista y director de películas, entre ellas *Amore imperiale*, de 1941, que tuvo gran éxito en Italia. En 1945 lo habita su hija Vera, de sesenta años, casada con un exoficial cosaco, un tal Mitropan.

Wolk ya había instalado allí a su mujer e hijos bajo una identidad falsa, y allí se esconde, llevándose consigo, y almacenando en una casa cercana siete toneladas de explosivos y todo el equipo submarino de los Gamma. La guerra ha terminado. Venecia —aparte del peligro que suponen las minas esparcidas en el fondo del mar— ya no corre el riesgo de volar por los aires, pero Wolk todavía acaricia la idea de hundir los barcos de suministros aliados en los puertos del norte del Adriático con incursiones ultrarrápidas en submarinos, junto con sus hombres, desplazados a diversos lugares secretos diseminados entre La Spezia, Rávena y Génova.

Pero ahora los nuevos tiempos avanzan. A Venecia llega Ernesto Forza, capitán de barco, excomandante de Borghese en la Décima Mas de La Spezia, luego medalla de plata en la guerra de liberación al mando de los asaltantes de Mariassalto, que habían permanecido fieles al rey, y destinado a una brillante carrera en la Marina hasta alcanzar el grado de almirante de la escuadra naval. Ernesto Forza y Eugenio Wolk se encuentran en Piazza San Marco. Forza persuade a Wolk, diciéndole que es inútil continuar con esa guerra submarina privada, que es hora de ponerle fin y negociar la rendición. Wolk se deja convencer y decide, según su expresión, «salir de su caparazón». El fascismo ha muerto, Italia va camino de convertirse en una república democrática en el nuevo contexto europeo que ve el establecimiento de nuevos equilibrios geopolíticos y, por tanto, de nuevos enemigos: ahora la confrontación es entre Este y Oeste, divididos por un telón de acero que inaugura el largo período de la Guerra Fría.

A través de Forza, Wolk entra en contacto con el coronel de las Air Force, Harold Stevens, ítalo-británico nacido en Nápoles y voz de Radio Londres. Se trata del famoso «Coronel Buonasera» que, entre 1940 y 1945, con su voz persuasiva, en un italiano ligeramente marcado por un tranquilizador acento napolitano, enviaba mensajes de pragmática esperanza puesta en un futuro victorioso y pacífico.

En Piazza San Marco, sentados a una mesa, Eugenio Wolk y Harold Stevens se estrechan la mano. «Nunca pensé que lo conocería algún día», le dice Stevens a su enemigo. Wolk pacta para él y sus Gammas la condición de *prisioners of war at large* (prisioneros de guerra en libertad): podrán vagar libremente con un salvoconducto inglés especial.

Los que estén en Venecia, como Wolk y otros, pueden quedarse en su casa; los que estén en la isla de Sant'Andrea, donde hay una base operativa secreta de Hombres Gamma, podrán quedarse allí siempre que mantengan la unidad del grupo.

Después Stevens le prepara una sorpresa. Invita a Wolk a su despacho para el día siguiente y allí le presenta a un oficial británico, ante el asombro de ambos. El oficial es Lionel Crabb, también conocido como Buster Crabb, quien durante la guerra fue el primer y directo adversario de la Décima Mas. Crabb, cuya increíble historia contaremos a continuación en esta breve navegación por los secretos del mundo submarino, es un buceador de probada experiencia y un entusiasta saboteador submarino. Durante el conflicto, la Royal Navy se volvía loca tratando de adivinar cómo y cuándo actuarían los Hombres Gamma y los demás asaltantes de la Décima Mas. Más allá de la pérdida de las naves, Churchill era el primero en sorprenderse de cómo apenas seis hombres, como dijo al hablar de operaciones como la empresa de Alejandría, «equipados con materiales de un coste irrisorio, han hecho vacilar el equilibrio militar en el Mediterráneo en beneficio de las fuerzas del Eje». Y, como veremos algo más adelante, se han escrito muchos libros y se han realizado varias películas sobre la bufa operación del Olterra, el carguero comercial hundido por sus propios mandos en el puerto español de Algeciras para evitar que cayera en manos de los Aliados, que en 1942 había sido secretamente transformado y modificado, con el consentimiento tácito de las autoridades españolas, en una base secreta de *maiali*, los torpedos de navegación lenta. Por la noche, aquellos *maiali* salían de la panza del piróscafo para centrar a los barcos atracados en Gibraltar y, a pesar de la muerte y captura de algunos asaltantes italianos, los británicos nunca lograron entender de dónde venían aquellos peligrosos buzos que mandaban al fondo del mar su flota. Por no hablar de las otras rocambolescas empresas submarinas de la Flotilla italiana.

De hecho, una vez acabada la guerra, en la nueva Italia que había salido hecha pedazos del conflicto, Lionel Crabb, Eugenio Wolk y los antiguos Hombres Gamma trabajaron juntos en la desactivación de minas y en la recuperación de restos de naufragios en la laguna de Venecia. En una especie de catarsis de guerra, esos mismos hombres que habían sembrado muerte y devastación en muchos puertos, y que lo mismo podrían haber sembrado en el puerto de Nueva York, realizarán una importante labor de reconstrucción. Wolk lo recordará: «Durante dos años trabajé en la desactivación de minas, que era la única forma de ingreso que me quedaba para alimentar a mi familia. Nos pagaban, en el año 1945, 1500 liras al día y "víveres in natura" [...]. Buscamos con las manos entre el fango, además de los "restos", también bombas de avión sin detonar, camiones enteros de proyectiles y bombas de mortero, etcétera, sin contar aquellos no muy simpáticos artefactos magnéticos con 700 kilos de otros explosivos que no habían explotado con el dragado normal».

Hay una foto emblemática de la posguerra que retrata a Eugenio Wolk junto con un grupo de otras personas entre las que se encuentra su antiguo adversario

Crabb, algunos oficiales de la Marina británica, el viejo y resucitado pionero de las profundidades Angelo Belloni con su hija Paola, un nutrido grupo de ex Hombres Gamma y asaltantes de la Décima Mas, y la viuda de Licio Visintini, uno de los incursores que murió durante el tercer asalto a Gibraltar precisamente a causa de los sistemas defensivos puestos en funcionamiento por Crabb. Están todos allí, amigos y enemigos reagrupados, posando para el fotógrafo, sonriendo, como al final o al principio de una obra de teatro. O, mejor dicho, de un drama: una guerra corsaria librada bajo los mares, una guerra dentro de la guerra, vivida con la ferocidad de todo conflicto, pero con el carácter de exclusividad. En esa foto de recuerdo falta solo Junio Valerio Borghese. Pero el «príncipe negro» tenía otras responsabilidades de las que hacerse cargo en la posguerra, desde los crímenes cometidos por la Décima del RSI bajo su mando hasta las decisiones políticas en la extrema derecha que, tras el intento de golpe de 1970, le llevaron a refugiarse en España, donde permaneció hasta su muerte, el 26 de agosto de 1974.

En cuanto a Eugenio Wolk, en los primeros meses de la posguerra se las arregló como pudo. Los antiguos Gammas formaron una cooperativa para la limpieza de minas de agua, pero también para la recuperación de restos de naufragios. Trabajaban junto con empresas de recuperación como Panfido y Rimorchiatori Riuniti de Venecia, cuyos buzos, sin embargo, en cuanto descubrieron que los compañeros con los que tendrían que trabajar eran antiguos asaltantes de la Décima Mas, se negaron a hacerlo.

Pero, de una forma u otra, las operaciones de limpieza debían realizarse, el mar tenía que limpiarse de la escoria de la guerra, solo aquellos que estaban cualificados para ese tipo de trabajo podían hacerlo, y no había muchos expertos. El primer empleo de cierto relieve fue la recuperación de la patrullera Bombarda en agosto de 1945. Fue una operación agotadora que obligó a los antiguos Hombres Gamma a sumergirse repetidas veces en los restos dispersos, en aguas turbias y en la más completa oscuridad, con el interior del revés, con muebles y mesas flotando que hacían peligroso avanzar bajo el agua. Es otra catarsis: los mismos que habían hundido las naves, ahora tenían que sacar fatigosamente del fondo las naves que habían mandado a pique.

Pero el trabajo es el trabajo. Wolk y su antiguo compañero Belloni, el mismo de las tropas en marcha por el fondo marino, suscriben un compromiso para la producción de material submarino en beneficio de la empresa Pirelli, para «intercambiar entre ellos, mediante entrevistas, pareceres solicitados o no solicitados, diseños, descripciones e informes acerca de pruebas realizadas». Es decir, su experiencia personal en el campo submarino, constituyendo así una sociedad *de facto* destinada a la fabricación de productos innovadores para la actividad subacuática.

Una vez terminada la guerra, el mundo sumergido avanza hacia una nueva etapa de exploraciones. El sector secreto reservado solo a los militares, tras un decenio, estará abierto a todos. Muy pronto durante las vacaciones, en la época del *boom* económico, en Italia y en otros lugares, niños y adultos podrán disfrutar del mar nadando con las aletas perfeccionadas de Wolk. En Francia, un tal Jacques-Yves Cousteau, un joven oficial de la Marina que trabajó como espía durante la guerra, desarrolló ya en 1943, junto con Émile Gagnan, el Aqua-lung,[7] el primer equipo subacuático de circuito abierto con regulador de una sola etapa, que unos años después del conflicto abriría las puertas del mundo submarino a miles de aficionados. Se están abriendo nuevos horizontes para quienes desean explorar el fondo del mar, y personajes como Wolk y Belloni son valiosos para una industria en rápida expansión, tanto civil como militar.

En febrero de 1947, Eugenio Wolk decide emigrar. Para quienes como él el aire de la posguerra en Italia se vuelve pesado, es mejor irse a países más indulgentes con los perdedores. Por ello envía un memorándum al agregado naval de la Marina militar argentina en Roma ofreciéndose para abrir y dirigir allí «una Escuela de Buzos Submarinistas, que dotaría a las industrias marítimas del país de mano de obra altamente especializada». En ese caso, escribe Wolk, «estaría dispuesto a prestar mi colaboración como instructor o asesor técnico civil también a la Marina militar, poniendo a disposición mi experiencia de guerra».

Argentina acepta y lo acoge con los brazos abiertos. De los catorce años que pasa al otro lado del océano, Wolk dedicará doce a crear y desarrollar la Marina de guerra submarina argentina, con los llamados ahora «hombres rana».

7 *Aqua-lung,* que fue inventado por Cousteau para su comercialización, significa «pulmón acuático». [N. de la T.]

De regreso a Italia en 1961, Wolk se estableció en Suiza, en el cantón del Tesino, donde residió hasta su muerte en 1995.

Coincidencias

Al regreso de la expedición a Lampedusa en septiembre de 2021, durante un tiempo no volví a pensar en Aletarrota. De vuelta a casa, guardé la pulsera con la aplicación en un cajón y dejé que el gran tiburón blanco siguiera llevando su vida depredadora en paz en el sur del Mediterráneo. Retomé mis actividades cotidianas habituales, dejando a un lado mis obsesiones, reconfigurando los mapas mentales habituales según criterios que relegaban momentáneamente a un segundo plano toda idea de expiación de culpa —como, por ejemplo, el que seamos capaces de procurar dolor a nuestros semejantes y de destruir la naturaleza, y otras cuestiones de ese tipo— adoptando una actitud similar a la que Melville atribuye a Jonás: «Con el sombrero calado y el ojo culpable, se esconde, reptando, de su Dios, rondando entre las embarcaciones como un vil ladrón que quisiera escaparse por mar».

Al tener que escribir una serie de artículos y realizar un documental para la RAI, dirigido por Luigi Zannini, sobre la Primera Guerra Mundial en las costas del noreste del Adriático, reanudé el trabajo de exploración e investigación submarina con el grupo de estudio Frontiera Sommersa, vagando arriba y abajo por el fondo marino, en buena parte fangoso, del golfo de Trieste en busca de restos de naufragios y otras huellas dejadas por el hombre a lo largo del tiempo entre tráfico, guerras y comercio.

Y fue durante una de aquellas inmersiones rutinarias cuando toqué por casualidad un objeto que, inevitablemente, volvería a abrir una ventana a ese pasado marcado por turbulencias y secretos siempre ligados al mundo submarino.

Una clara mañana de octubre llegamos en el Castorino II, una lancha motora equipada para trabajos de exploración submarina, a un punto que se halla a un par de millas de la costa de la isla de Grado. Recordé que allí, unos años antes, durante una exploración, el Side Scan Sonar había revelado a apenas diez metros de profundidad una anomalía en el fondo arenoso, algo que en la pantalla verde del radar submarino aparecía como un cilindro de un par de metros de largo.

Entonces me sumergí para echar un vistazo y pronto tuve ante mi máscara una especie de cilindro metálico blanco, todo él cubierto de algas que dibujaban curvas como de espirógrafo. Parecía un viejo calentador de baño que no se sabe cómo había acabado allí abajo, un aparato doméstico abandonado que el mar había recubierto con algunas de sus criaturas.

Por curiosidad, saqué el cuchillo de la funda del muslo y comencé a limpiar la superficie del cilindro blanco, dando golpecitos de vez en cuando al metal con el mango y la hoja para sondear la consistencia del misterioso objeto. Objeto que, a pesar de mi total ignorancia sobre armas y armamentos diversos, me transmitía algo inquietante, algo confuso pero peligroso. Me sentí un poco como si estuviera acariciando a un monstruo marino adormecido. Continué raspando el cilindro para limpiarlo de algas, dejando al descubierto la superficie blanca. Tomé algunas fotos con la GoPro y seguí nadando a su alrededor y sondeándolo con el cuchillo hasta que una voz que surgía de lo más profundo de mi consciencia me dijo que lo dejara y volviera a la superficie lo antes posible.

Tras una breve consulta informativa, y después de haber observado las imágenes tomadas bajo el agua, asaltados por una duda que no era ya tanto una duda, enviamos el informe y las fotografías del misterioso objeto a los buzos del departamento de Despliegue de Emergencias del Equipo de Operaciones Subacuáticas del Comsubin, la Agrupación de Buzos y Submarinistas de la Marina militar, con la que ya habíamos colaborado en el pasado. Y ellos no tardaron en identificar, en lo que pensé que era un simple calentador de agua, una mina magnética alemana modelo RMH de la Segunda Guerra Mundial, una sofisticada bomba subacuática que contenía 1000 kilos de TNT, capaz de hundir por sí sola un acorazado. La mina había estado allí inactiva durante más de setenta años, un recordatorio del período de ocupación nazi de Trieste y de la Venezia Giulia, la región que los ocupantes bautizaron como zona de operaciones Adriatisches Küstenland («litoral adriático»). Un residuo bélico, pero todavía listo para explotar con toda su potencia destructiva, como establecieron los buzos del Comsubin, que fueron los que efectivamente detonaron la mina en alta mar, levantando una enorme columna de agua y provocando una onda de choque similar a un terremoto, que registraron también los sismógrafos del Observatorio Geofísico Experimental de Trieste. Y yo había estado golpeándola y rallándola con el cuchillo...

Pero aquel cilindro blanco también tuvo luego sobre mí otro efecto, abriendo de par en par una vez más una ventana en el tiempo, juntando los hilos de otra historia ligada a los secretos del mundo submarino. Porque, con toda probabilidad, fue precisamente una mina alemana del mismo tipo la que hundió el 29 de octubre de 1955, en el puerto de Sebastopol, el acorazado Giulio Cesare de la Marina Real italiana, que había pasado a manos de Rusia, siendo rebautizado con el nombre de Novorossijsk, uno de los episodios más oscuros de la Guerra Fría.

Desmentidos

En una entrevista publicada en la revista *Storia del XX Secolo* en octubre de 1995 y difundida poco antes de la muerte, a los ochenta años, de Eugenio Wolk, este había sido categórico: no habían sido ellos, los antiguos asaltantes de la Décima Mas, quienes hundieron en el mar Negro cuarenta años atrás el acorazado italiano Giulio Cesare, que terminó en manos soviéticas como resarcimiento de guerra. No habían sido ellos quienes cometieron lo que, a ojos de todo el mundo, podía parecer una venganza, una acción de sabotaje intencionada para mitigar la frustración de la derrota, un resarcimiento de honor para la Marina militar italiana. La nave, afirmó Wolk, avalando lo que entonces eran los resultados de la investigación de las autoridades soviéticas, había explotado debido a un accidente provocado por una mortífera mina magnética alemana, probablemente modelo RMH, una de las muchas que habían escapado a los ojos de los que trabajaron en las labores de limpieza de minas del puerto de Sebastopol —y en muchos otros mares del mundo, incluido el Adriático— después de la guerra. Sin embargo, cuando en octubre de 1955 los periódicos informaron de la noticia de la tragedia que costó la vida de seiscientos marineros soviéticos, muchos ojos se volvieron hacia Wolk y sus viejos Hombres Gamma. Pero Wolk descartó la hipótesis y la calificó de «absurda y ofensiva estupidez», por toda una serie de razones que veremos más adelante.

Desde los albores del siglo XX, la nave de guerra Giulio Cesare fue una unidad llena de historia y significados patrióticos. Clase Conte di Cavour, tipo *dreadnought* —que significa «no temo a nada»— había sido construida en los astilleros Ansaldo de Sestri Ponente con los criterios bélicos más modernos y agresivos de la época. Y, una vez botada, en octubre de 1911, entró en servicio en junio de 1914. Durante la Gran Guerra, como todo acorazado, tuvo un uso limitado, dado que la flota enemiga se encontraba escondida en los puertos. Una vez finalizado el conflicto, la nave ya era vieja, por lo que, entre 1933 y 1937, fue sometida a importantes labores de reparación y modernización que solo dejaron el cuarenta por ciento de la estructura original inalterada, de modo que al estallar la Segunda Guerra Mundial la unidad ya estaba lista para afrontar nuevos desafíos en el mar.

El acorazado Giulio Cesare participó en diversas operaciones en el Mediterráneo contra la Royal Navy, fue centrado por disparos durante la batalla de Punta Stilo, y también participó en las batallas de Cabo Teulada y Sirte en diciembre de 1941. En 1942, considerado de nuevo demasiado viejo, el acorazado fue retirado del servicio activo y trasladado a Pula con funciones de buque de adiestramiento. Después del 8 de septiembre de 1943, siguió la suerte de las unidades hermanas y fue entregado a los Aliados, no sin haber evitado por poco un intento de motín de la tripulación, que hubiera preferido hundirlo antes que entregárselo a los angloamericanos.

Tras el tratado de paz de febrero de 1947, el viejo acorazado fue entregado, pues, como botín de guerra a la Unión Soviética, y entró al servicio de la Voenno-morskoj flot con el nuevo nombre de uno de los principales puertos del mar Negro, Novorossijsk. No fue una transferencia fácil. Las cláusulas navales del tratado de paz fueron bastante severas para Italia, y Moscú reclamaba una buena parte de la flota superviviente. La diplomacia logró limitar las pretensiones y a los rusos se les asignaron, además del acorazado Giulio Cesare, el crucero Duca d'Aosta, los destructores Artigliere y Fuciliere, los torpederos Ardimentoso, Animoso y Fortunale, los submarinos Nichelio y Marea, y otros diversos tipos de embarcaciones, entre ellas lanchas torpederas MAS, naves vigías, petroleros, lanchas de desembarco, un buque de transporte y doce remolcadores. Y además el buque escuela de vela Cristoforo Colombo, hermano del Amerigo Vespucci. Una pequeña parte de las embarcaciones más pequeñas no fue retirada debido al mal estado de mantenimiento y, a cambio, los soviéticos acordaron una compensación económica.

Eran condiciones humillantes, y no solo para la Marina militar italiana. Entregar a los rusos unidades como el Giulio Cesare y, peor aún, el buque escuela Cristoforo Colombo provocó una ola de indignación que estuvo acompañada de intenciones de sabotaje más o menos declaradas. El entonces jefe de Estado Mayor de la Armada, el almirante Raffaele de Courten, dimitió en señal de protesta. Y en 1948 los trabajadores de los astilleros de Palermo, en señal de solidaridad con la Marina militar, amenazaron con acciones clamorosas en caso de que unidades de guerra estadounidenses entraran en su puerto.

Por temor a sabotajes, en los meses precedentes a la entrega del ya exbarco italiano a la Unión Soviética se tomaron medidas excepcionales de vigilancia. En los muelles y en los distintos puertos italianos, las patrullas militares no perdieron ni un minuto de vista los barcos que iban a ser entregados, mientras que cada treinta minutos los buzos inspeccionaban los cascos bajo el agua por temor a que algún patriota saboteador pudiera poner en ellos cargas explosivas.

Y, de hecho, unas semanas antes de la entrega, en el invierno de 1949, algunos jóvenes de los FAR (Fasci di Azione Rivoluzionaria), el movimiento neofascista activo desde 1945 y compuesto principalmente por veteranos de la República Social, conspiraron para hundir el Cristoforo Colombo, el barco escuela que, tal como hemos dicho, era el símbolo por excelencia de la Armada, como el Vespucci. El plan fue descubierto, y el 20 de enero un total de once jóvenes fueron detenidos en Taranto, Roma y Lecce; todos ellos antiguos combatientes fanáticos de la Décima Flotiglia de Saló, algunos de los cuales fueron descubiertos en Roma, en la estación de Termini, con siete kilos de TNT en sus maletas. Los «chicos de la (nave) Colombo», como los definieron los periódicos, fueron condenados, según los casos, a penas que oscilaban entre los dos años de prisión y veinte mil liras de multa.

De todos modos, el Cristoforo Colombo tendrá un mal final. Rebautizado con el nombre de Dunaj (Danubio en ruso), el velero, después de ser entregado a la Unión Soviética, será llevado a Odessa, donde el casco con su noble librea de rayas blancas y negras será repintado de un triste color gris. Asignado a la 78 Brigada de Adiestramiento, el ex Cristoforo Colombo fue utilizado esporádicamente como buque escuela en aguas del mar Negro hasta 1959, cuando pasó a la Escuela Superior del Ministerio de Marina de Leningrado, que en 1960 lo envió a la Escuela Superior de Ingeniería Naval de Odessa. Al final, el que había sido uno de los más elegantes y blasonados buques escuela militares será desarbolado y utilizado como buque para el transporte de madera. Hasta que en 1963 a causa de un accidente ardió con su cargamento en aguas soviéticas. Permaneció abandonado y semidestruido durante otros ocho años, hasta 1971, año en que fue cancelado de la lista de embarcaciones y demolido definitivamente.

En cuanto al acorazado Giulio Cesare, antes de ser entregado a los soviéticos, también fue blanco de saboteadores patrióticos. Las cláusulas de transferencia a los soviéticos eran muy estrictas y exigían que la unidad se entregara en perfectas condiciones. En septiembre de 1948, el Giulio Cesare fue objeto de una serie de obras de reparación en los astilleros de Taranto que se caracterizaron por la parsimonia y, al parecer, la falta de supervisión. Según algunas hipótesis aún no confirmadas, en aquella ocasión alguien podría haber escondido en algún hueco del casco una cantidad de TNT suficiente para mandar la nave al fondo, una vez activada con una carga colocada en la quilla por un saboteador submarino. En todo caso, en los seis años siguientes, y a pesar de las inspecciones primero, y de las continuas e importantes operaciones de mantenimiento del barco llevadas a cabo por los propios soviéticos después, nadie encontró ni una brizna de explosivo en el interior del antiguo acorazado.

En resumidas cuentas, cuando el Giulio Cesare entró en servicio en la flota soviética, sus condiciones eran discutibles: solo funcionaba un girómetro, gran parte de las tuberías y sistemas auxiliares contra incendios estaban inservibles, había óxido por todos lados, las armas antiaéreas funcionaban mal, al igual que los generadores diésel de emergencia, y el sistema de bombeo, los reflectores y la mayoría de las cocinas de a bordo estaban fuera de servicio.

A pesar de todo, en 1949, el Novorossijsk era el buque de combate mejor armado de la Armada Soviética en aquel momento. Luego siguieron otros trabajos de reparación, adaptación y modernización en diversas ocasiones hasta 1955, lo que permitió que la unidad de guerra de cuarenta y cuatro años hiciera un buen papel durante las maniobras de aquella primavera.

Una vez finalizadas las maniobras, unas semanas después, la tarde del 28 de octubre de 1955, su último día en el mar, el ex Giulio Cesare ancló en la estrecha y larga bahía de Sebastopol, tras haber realizado una ejercitación en el mar Negro con las otras unidades de la flota, lista y engalanada para participar en los actos conmemorativos del fin del asedio de la ciudad en 1855, durante la guerra de Crimea.

El acorazado ocupaba el atraque número 3, amarrado con cables de acero a dos grandes boyas situadas en la proa y la popa del casco, en el centro de la bahía, a trescientos metros al norte de la costa sur. Allí la profundidad era de dieciocho metros y el fondo del mar fangoso. Alrededor del Novorossiysk se encontraban otras unidades, como los cruceros Molotov al oeste, el Mihail Kutuzov al este y el Frunze al nordeste. Después de la cena, doscientos miembros de la tripulación, incluido el comandante del barco, el capitán de primera clase[8] Aleksandr Pavlovich Kuchta, desembarcaron; mientras que otros doscientos estudiantes de la Academia subieron a

8 El capitán de primera clase o primer rango (капитан 1-го ранга) es un grado usado por debajo del contralmirante en la Marina militar rusa. [N. de la T.]

bordo. En el momento de la explosión se encontraban en la nave 1530 personas.

La explosión, bajo el casco, se produjo a las 01:31 horas en el lado de estribor de la sección de proa del barco, allí donde se había acoplado la nueva proa en 1933 durante las primeras obras de modernización.

Según las estimaciones obtenidas por los sismógrafos de la estación de detección telúrica de la cercana ciudad de Simferopol, la potencia de la explosión se debió a una carga de entre mil y mil doscientos kilos de TNT. Un centenar de marineros murieron instantáneamente, otros quinientos murieron dieciocho horas después, debido a que el acorazado volcó repentinamente mientras los remolcadores intentaban arrastrarlo hasta un lugar seguro en un fondo marino poco profundo. El comandante en jefe de la flota del mar Negro, el vicealmirante Viktor Aleksandrovich Parkhomenko se negó a desembarcar a los ochocientos hombres reunidos en las cubiertas mientras el barco se inclinaba lenta pero inexorablemente hacia la izquierda, por considerar que no había peligro inmediato. Al final hubo 609 muertos y 48 heridos, incluidas víctimas pertenecientes también a los equipos de rescate enviados por los demás barcos de la flota. Dos marineros fueron rescatados con vida por buzos de escuadras de rescate cincuenta horas después del vuelco. Las operaciones de rescate finalizaron el 1 de noviembre. Aquel sería el peor desastre naval en tiempos de paz de la historia de Rusia.

El 17 de noviembre de 1955, la Comisión de Investigación, que también incluía agentes del KGB, presentó sus conclusiones al Comité Central del Partido Comunista Soviético, que fueron inmediatamente aceptadas y aprobadas. Según los resultados de la investigación, la pérdida del ex Giulio Cesare no podía atribuirse a una explosión interna, accidental o no, sino a una explosión externa, que se produjo en el fondo del mar y sin contacto directo con el casco. Había cuatro causas posibles: un torpedo lanzado desde un submarino, el ataque de buzos provistos de cargas explosivas, una acción de sabotaje y, por último, una mina naval posada en el fondo. Las dos primeras hipótesis se consideraron posibles en teoría, dado el estado de abandono de las defensas submarinas de la base, pero ambas serían descartadas por diversos motivos: por un lado, la forma del agujero abierto en el casco era incompatible con el impacto de un torpedo y, por otro, un equipo de saboteadores submarinos no habría podido transportar los mil kilos de TNT necesarios para provocar aquella explosión.

En cuanto al uso de submarinos y buzos de asalto, la operación habría requerido procedimientos complejos, como el uso de bases intermedias o buques de apoyo y la recopilación de información de los servicios de inteligencia sobre las defensas portuarias; factores todos ellos difíciles de mantener ocultos, especialmente en las proximidades de una base naval como Sebastopol, que estaba bien custodiada por los servicios de contraespionaje soviéticos. Habría sido necesario el apoyo directo o indirecto de uno o más gobiernos extranjeros, con el riesgo de desencadenar una guerra con la Unión

Soviética, una potencia nuclear, solo para hundir un barco obsoleto de uso militar limitado.

La hipótesis de un sabotaje, posiblemente mediante una carga explosiva escondida en el casco antes de la entrega de la unidad a los soviéticos, fue descartada también, porque necesariamente habría provocado una explosión interna, mientras que el examen de los restos del naufragio indicaba claramente una explosión externa. En definitiva, había sido una mina magnética RMH, un residuo bélico, lo que había provocado el desastre.

En una Italia ajena a la Guerra Fría, todavía lidiando con una posguerra que estaba a punto de convertir al país, como diría años después William Colby, exjefe de la CIA, en «el mayor laboratorio de manipulación política clandestina», la noticia del hundimiento del exacorazado Giulio Cesare desató un mar de suposiciones y teorías conspirativas, nunca del todo extinguidas, que cobrarían aliento de nuevo en 1991 con la publicación en Rusia del ensayo *El misterio de la muerte del acorazado Novorossijsk*, investigación del estudioso Boris Aleksandrovich Karzhavin, que relanzó la hipótesis del ataque subacuático por parte de asaltantes italianos. En 1992, los periódicos italianos a su vez rebotaron la noticia, involucrando a los exmiembros de la Décima Mas: la escuadra de saboteadores que, según ellos, habría llegado al mar Negro a bordo de un barco mercante, que estaría dirigido por Junio Valerio Borghese y compuesto por los ex Gamma Gino Birindelli, Luigi Ferraro, Eugenio Wolk y Elios Toschi, quienes a bordo de *maiali* habrían alcanzado el barco y colocado el explosivo. El desmentido de Wolk, publicado en 1995 en la *Historia del siglo XX,* será seco y circunstanciado. El exincursor dirá: «1- Al mar Negro hay que llegar provenientes del Mediterráneo. Durante la guerra, nuestros submarinos enanos CB llegaron a su base en el mar Negro por tierra en carros especiales. 2- Un CB no puede transportar un *maiale.* No hay dónde engancharlo. 3- Ya en aquella época —1955— la salud y la edad del almirante Birindelli no le habrían permitido pilotar un *maiale.* 4- Elios Toschi no había vuelto a tocar los mandos de un *maiale.* 5- Ferraro nunca ha pilotado un *maiale.* 6- El abajo firmante (E. Wolk) de todo el grupo acusado era el único que podía pilotarlo, porque todavía lo enseñaba a los argentinos en 1960. 7- Para dos *maiali* se necesitan cuatro hombres: dos pilotos y dos "segundos hombres". 8- En aquella época me encontraba ya desde hacía ocho años en Argentina».

Según Wolk no había duda: cuando los alemanes se retiraron de Sebastopol, dejaron, «de recuerdo», el puerto minado. Además, el fondo marino era ideal para el uso de minas magnéticas. Wolk, experto en la materia, que «había realizado tareas de remoción de minas durante dos años después del fin de la guerra», explicó en la entrevista que esos dispositivos pueden permanecer inertes durante doscientos días y escapan a los sistemas de dragado utilizados en la época por los Aliados: «cable eléctrico flotante a remolque de un dragaminas desmagnetizado y de madera». En resumen, según el comandante de los Hombres Gamma, no había existido ningún complot.

Sin embargo, será diferente la posición de otro veterano de la Décima Mas, Ugo D'Esposito, exasaltante de los Hombres Gamma, exagente del SIM (Servicio de Información Militar), y luego al servicio de la inteligencia alemana. En una entrevista concedida a Luca Ribustini y recogida en su libro *El misterio del acorazado ruso*, publicado en 2018 por Pellegrini Editore, ensayo que se decanta por la hipótesis del sabotaje italiano, D'Esposito dice que sí, «fuimos nosotros, los de la Décima Mas» los que hundimos el barco en el puerto de Sebastopol; sin añadir, por otra parte, ningún detalle ni otras pruebas que lo respalden.

Sea como fuere, de momento la versión del accidente provocado por una mina RMH, del mismo tipo que la que fui a hurgar en el mar de Grado, sigue siendo la oficial.

La verdad, como siempre, permanece escondida en la oscuridad del mar, un mar capaz de dar sustancia a aquella materia escurridiza, sucia y falaz en la que se meten las manos cada vez que nos ocupamos, por una razón u otra, de aquella vasta realidad compuesta de poderes ocultos, organizaciones armadas clandestinas y servicios secretos.

Pasajes que en el fondo son ineludibles cuando entre Historia y Naturaleza seguimos el hilo de una culpa que desde el mundo sumergido nos lleva a tener que lidiar con las brumas del vivir cotidiano.

4
El misterio del hombre rana

En el invierno de 2022, pensé que Aletarrota estaba muerta. En Facebook apareció un artículo con una fotografía de un gran tiburón blanco pescado por error en el estrecho de Messina. El enorme pez depredador había quedado atrapado en una red; y así, estrangulado por las mallas, aparecía en la fotografía a bordo de un barco pesquero con unos hombres alrededor observando la presa, que era arrastrada a la fuerza hacia el barco mediante grandes cuerdas. La noticia daba una información vaga sobre el incidente, no decía exactamente dónde había ocurrido ni cuándo. Y, aunque por el tamaño del ejemplar estaba claro que se trataba de una hembra, la aleta dorsal quedaba fuera del encuadre de la imagen, por lo que no pude comprobar si estaba allí la señal de reconocimiento de mi tiburón, la cicatriz en forma de V de la aleta.

Busqué en otros sitios web y en diversas redes sociales, pero sin suerte; esa era la única foto publicada. En realidad había otra, con un tiburón colgado boca abajo en el muelle, pero también allí la información que se daba era poca e imprecisa, y quedaba claro que no era el mismo animal ni las mismas circunstancias, ya que el pez capturado era de una especie diferente, un mako, según la breve nota descriptiva y la evidencia de la foto. Activé la aplicación para comprobar la ruta de Aletarrota. La última lectura satelital la señalaba, una semana antes, deambulando al oeste de la isla de Malta, hacia el estrecho de Gibraltar.

Me habría entristecido que mi tiburón hubiera muerto. Habría dejado de perseguirme, ya no tendría la preocupación de ser atrapado un día para pagar por mis pecados; pero haber quedado impune no creo que al final hubiera sido para mí un alivio.

Examiné atentamente las imágenes, aquellas y otras que logré descargar de internet, y poco a poco me asaltaron las dudas de si no se trataría todo de un malentendido, de una fantasía surgida de aquella primera fotografía de un Gran Tiburón Blanco descargada del sitio web del Ocean Club, y que, en mi opinión, era el mismo ejemplar visto y conocido, por así decirlo, años antes en aguas de Sudáfrica.

Tal vez. Cuántos significados atribuimos a veces a una imagen por vaga que esta sea, por engañosa que esta sea. Creamos simulacros porque necesitamos creer en ellos, porque es bueno para nuestra conciencia o por mil razones más. Necesitamos definir una identidad, nuestra o de otros, no importa; lo que importa es poder atribuir un signo de verdad, de certeza, a todo lo que parece incierto y se nos escapa.

También la entera historia de Lionel Crabb, uno de los mayores misterios de la posguerra vinculados al mundo submarino, giraba en torno a una imagen incierta.

En julio de 1959, apareció en los periódicos una noticia que sacaba a relucir de nuevo el misterio de la desaparición de Lionel Crabb, una de las historias más difundidas en los medios de la época durante tres años. En la playa de Fécamp, en Normandía, una franja de arena blanca que domina el canal de la Mancha, tres niños que se divertían recogiendo conchas encontraron una botella sellada que contenía un mensaje escrito tanto en inglés como en francés. «Soy prisionero del submarino Voroscillof (pero tendría que ser Voroshilov, digo yo), informen a la Royal Navy y a Scotland Yard de este mensaje», se leía más o menos en el texto escrito a mano en las dos lenguas con un bolígrafo, no sé de qué color.

El mensaje llevaba la firma, o las iniciales, del hombre rana Lionel Crabb, desaparecido tres años antes, el 19 de abril de 1956, durante una inmersión en aguas de Portsmouth, en la costa sur del Reino Unido, durante una misión de espionaje. La noticia del mensaje en una botella saltó de un periódico a otro por medio mundo, irritando una vez más al gobierno británico y al alto mando de la Armada soviética en Moscú, como ocurría cada vez que, por una razón u otra, salía a relucir el nombre de Crabb.

No me gustan especialmente las historias de espías, pero los secretos de la Historia son intrigantes, lo admito, y a veces abren resquicios sorprendentes en los trasteros de las acciones humanas en el tiempo. Tarde o temprano se deberá saber qué pasó realmente con el comandante Crabb. Sin embargo, tal vez haya que esperar hasta 2057, cuando se desclasifiquen otros archivos del Almirantazgo británico o de los servicios del MI6 o MI5, las dos secciones de la Military Intelligence que se ocupan de seguridad exterior e interior, respectivamente, o quién sabe qué otros, referidos a él. Tal vez entonces, el hombre rana que inspiró decenas de novelas, películas y cómics diga finalmente su verdad.

El dilema que apasionó a medio mundo fue, y sigue siendo, siempre el mismo: ¿Crabb murió en misión el 19 de abril de 1956, durante una exploración submarina secreta bajo la quilla del crucero ruso Ordzhonikidze (pronunciado «orzoniquize») anclado en las aguas de Portsmouth? ¿O durante aquella misión, aparentemente no autorizada, fue capturado por buzos rusos, llevado a la Unión Soviética y reciclado después de un lavado de cerebro como oficial de la Armada soviética con el nuevo nombre de Lev Lvovich Korablov?

Nada es seguro todavía. Al final, toda la investigación sobre Lionel Crabb gira en torno a un mar de hipótesis, documentos auténticos y falsos, y una fotografía, donde se ve a un hombre, que puede ser que se le parezca, con uniforme de oficial soviético a bordo de un barco junto con otros oficiales. Algunos entonces lo reconocieron, otros no. Y, a pesar de los informes obtenidos de fuentes secretas y de los que hace alarde uno de sus más ardientes biógrafos, el escritor y sovietólogo Joseph Bernard Hutton, el misterio persiste: oficialmente no es cierto que Lionel Crabb fuera el hombre de la fotografía.

La última vez que en este libro «vimos» al comandante Lionel «Buster» Crabb en una fotografía fue en

1945: se trataba de la foto de grupo tomada en la isla de Sant'Andrea, en Venecia, junto a sus antiguos enemigos de la Décima Flotilla Mas. Está agazapado en el centro de la imagen, como el portero de los pósteres de los equipos de fútbol, con uniforme y con su inconfundible sonrisa pícara. Tenía entonces treinta y seis años, medía poco más de un metro sesenta de alto, y tenía un físico enjuto y atlético, aunque fumara como un turco y fuera un bebedor empedernido. En Inglaterra ya se le consideraba un héroe, el campeón de los abismos, el hombre rana, el *frogman* de numerosas misiones peligrosas, un orgullo de la Corona británica. Le llamaban Buster en honor del nadador olímpico y actor Clarence Linden «Buster» Crabbe, famoso por películas como *Tarzán el Indomable*. Y, a su manera, Crabbie, como lo llamaban sus amigos más íntimos, era indomable.

Destinos inesperados

Su historia, como les sucede a veces a los héroes de los que se mofa el destino, no comienza de un modo excepcional. Lionel Crabb nace en los suburbios del suroeste de Londres en 1909. Su familia es pobre y Lionel crece como muchos otros jóvenes londinenses poco afortunados a principios del corto siglo XX[9]

9 *Short twentieth century* («el corto siglo XX»), término propuesto por el historiador húngaro Iván Berend, y desarrollado por el marxista británico Eric Hobsbawm; se refiere al período de 77 años comprendido entre el comienzo de la Primera Guerra Mundial (1914) y el colapso de la Unión Soviética (1991). [N. de la T.]

teniendo que abrirse camino a empujones. Es un joven frágil, de pequeña estatura, y su vida entre las dos guerras mundiales transcurre sin ningún particular que sea digno de recordarse. Trabaja en la marina mercantil, navegando a bordo del vapor Bonheur que va y viene entre Buenos Aires y Nueva York. Tiene un carácter undívago como el mar que lo nutre. Apenas se hace con el título de oficial de segunda, abandona la Marina mercante y entra en la Shell Eastern Petroleum de Nueva York, con la intención de ir a trabajar a los ricos pozos de petróleo y abrirse camino en el mundo de los negocios. Pero en lugar de eso termina trabajando como encargado de una gasolinera en una remota y polvorienta estación de servicio de la Shell en Wind Gap, en Pensilvania. Entonces decide regresar a Londres, donde, en sociedad con un primo suyo, abre una agencia de publicidad. Pero, apenas el negocio comienza a marchar bien, Crabbie lo abandona todo y vende su cuota de acciones.

En aquella época en Londres, compartía apartamento con un amigo alcoholizado. Los padres del joven bebedor decidieron cambiar de aires a su hijo para desintoxicarlo y le rogaron a Crabb que lo acompañase en un largo viaje por mar hasta China. Le ofrecieron una recompensa y le compraron el billete. La tarea de Lionel era la de mantener al joven alejado de la botella, hacerle disfrutar del viaje y del aire del mar, y encerrarlo en la cabina en cada escala para que no se metiera en los tugurios de los puertos.

A su regreso a Londres, el joven bebedor estaba prácticamente curado. En cuanto a Lionel Crabb, una vez finalizada su misión como cuidador, decide quedarse en Singapur. Los chinos le han parecido muy simpáticos, y quiere aprender su idioma y ser uno de ellos. Pero las cosas le resultarán mucho más complicadas de lo esperado. Crabb pronto descubrirá que los chinos no son tan complacientes como pensaba y, sobre todo, que aquella lengua cantarina no estaba hecha para él, por lo cual decide regresar a Londres.

Impulsado por un inagotable espíritu de afirmación y revancha, como les suele suceder a los jóvenes inconstantes, al estallar la Segunda Guerra Mundial, Lionel Crabb se reincorpora a la Marina mercantil; pero, tras pensárselo mejor, solicita entrar en la Royal Navy. Él también quiere luchar en los mares, desea hacer su aportación a la patria. Sin embargo, en el examen médico es rechazado por insuficiencia torácica, y porque ya es demasiado mayor y está en malas condiciones físicas por el abuso de alcohol y tabaco. «El médico —contará Crabb— parecía sorprendido de que yo todavía estuviera vivo cuando me examinó».

Sacado de allí por la puerta, intenta volver a entrar por la ventana, y solicita alistarse en la reserva voluntaria. Allí no se andan con tantos miramientos en cuanto a altura y a condiciones físicas. Y así, en 1941, Crabb es admitido en la Royal Navy Volunteer Reserve, un cuerpo formado por voluntarios civiles, que había sido creado ya en 1903 y había intervenido en la Primera Guerra Mundial.

El entrenamiento tiene lugar en la escuela naval de Vernon, en Portsmouth, cuya sede en su origen estaba formada por dos buques desmantelados y unidos que formaban una especie de edificio flotante. Y va a ser precisamente allí donde Lionel Crabb morirá o desaparecerá muchos años después. Es en esa escuela donde aprenderá a bucear, utilizando una versión modificada de los *rebreathers* de oxígeno Davis, el *Aro*, un dispositivo práctico y poco abultado que no emite burbujas de aire, si bien limita la inmersión a no más de diez o, al máximo, quince metros de profundidad.

A pesar de que al principio es bastante torpe, Crabb descubre que trabajar bajo el agua es congenial a su naturaleza. Bajo el agua nadie mide su altura, de hecho su físico de rana le ayuda; y, aunque no es buen nadador, le gusta bucear en busca de bombas que recuperar y desactivar. Es una actividad que lo carga de adrenalina. Pronto se convierte en un entusiasta *frogman*, uno de los «hombres rana», llamados así porque, como aún no se usaban aletas, los operadores submarinistas de la unidad de voluntarios nadaban estilo rana.

En 1942, en pleno conflicto mundial, Lionel Crabb es enviado a Gibraltar, al frente candente de la insidiosa guerra submarina. Allí, en el lugar de las mitológicas Columnas de Hércules, en aquella franja de tierra del Reino Unido que une el océano Atlántico con el Mediterráneo, donde tiene su base la flota Force H con la tarea de mantener la superioridad naval de los Aliados y escoltar los convoyes directos a Malta, los hombres de la Décima Flotilla Mas de Junio Valerio Borghese están provocando muchos desastres. Los incursores italianos minan y destruyen las naves angloamericanas fondeadas en los puertos, primero utilizando el submarino Scirè para acercarse a los objetivos, y luego usando como base secreta el Olterra.

Amarrado en la neutral costa española frente al puerto de Gibraltar, el Olterra es un viejo carguero fuera de servicio transformado en secreto en una insospechada estructura de soporte desde la que lanzar por la noche *maiali*, los torpedos de navegación lenta con los Hombres Gamma a bordo, a través de una escotilla oculta justo debajo de la línea de flotación del casco. Al salir del Olterra, por la noche, los buzos italianos montados en los *maiali* llegaban a la bahía fortificada de Gibraltar y minaban las quillas, volando así un número impresionante de barcos.

La Armada británica no lo podía entender: ¿cómo lo hacían, de dónde venían, qué equipos y medios utilizaban los italianos para hundir y dañar sus unidades ancladas? Los italianos estaban a un paso de ellos y nadie se daba cuenta. Era una burla constante.

Para hacer frente a lo que se había convertido en una auténtica pesadilla, la Royal Navy creó el Underwater Working Party (Grupo de Trabajo Subacuático) bajo el mando de Bill Bailey, un joven y prometedor buzo experto en minas y bombas de todo tipo. Se trataba de un equipo muy unido, formado por una veintena de jóvenes voluntarios, larguiruchos y de rostros angulosos, todos un poco parecidos. Según la propaganda de Churchill, eran diferentes de los hombres corrientes. El primer ministro británico los definió como magros y enjutos, con ojos luminosos y rostros radiantes. Por lo que se decía de ellos, las mujeres los adoraban y los hombres los miraban con estupor y admiración. «Sin uniforme, desnudos, parecen medio muertos de hambre y sin agallas; sin embargo —decían—, están llenos de entusiasmo».

No obstante, desde un punto de vista técnico, táctico y estratégico, en comparación con sus enemigos italianos, aquellos jóvenes del Underwater Working Party estaban aún en la Edad de Piedra, y lo sabían. Hasta el punto de sentir una admiración rayana en la idolatría por sus adversarios. Uno de ellos, un *frogman* capturado por los italianos en 1943 en un torpe intento de tomar represalias minando algunos barcos del puerto de Palermo, dirá que en la sala de reuniones de la escuela naval Vernon de Portsmouth tienen colgada una copia de la página de un periódico ilustrado italiano con fotografías de algunos de los asaltantes de la Décima Mas, por quienes los alumnos británicos sienten una auténtica admiración y a quienes consideran verdaderos maestros.

En Gibraltar, Lionel Crabb ingresa en esta especie de club exclusivo de jóvenes buceadores y pronto se convierte en la mano derecha del comandante Bailey. Una foto de aquella época los muestra uno al lado del otro, en traje de baño, llevando respiradores de *Aro*, sonriendo al sol y con el pelo revuelto por el viento, bellos y ágiles, preparados para afrontar las insidias del mar y de los enemigos.

La tarea del Underwater Working Party estacionado en Gibraltar es interceptar los *maiali* italianos, descubrir y retirar las bombas colocadas por ellos bajo la carena de los barcos, recuperar todo lo que se pueda de los aviones derribados y hundidos, incluidos los cadáveres, y realizar todo tipo de trabajos de limpieza y mantenimiento de hélices, cascos y desagües de condensadores de las unidades amarradas.

Siempre que en la inmersión se utilicen técnicas de buceo con mangueras de aire conectadas al exterior, todo va bien; pero, cuando se trata de meterse en el agua con los respiradores Davis modificados, la historia es completamente distinta. Crabb y los otros hombres rana no usan aletas, los chalecos equilibradores para la flotabilidad pertenecen todavía a un futuro lejano, por lo que cada inmersión es, ante todo, una lucha por mantener la estabilidad en el agua, controlar la respiración y la sensación de ahogo, con las gafas perennemente inundadas y con el riesgo constante de intoxicación por oxígeno. A pesar de eso, Crabb está convencido de haber encontrado lo suyo. Algunas operaciones salen bien, otras no. Pero no importa. El trabajo es un desafío constante, y bajo el agua nadie lo juzga por su baja estatura, ni por su edad ni porque beba o fume demasiado.

Macabras visiones

Entre las operaciones de reconocimiento y la defensa de ataques submarinos, en Gibraltar los jóvenes del Underwater Working Party no se aburren. Y las operaciones que deben realizar no siempre son apasionantes.

El 4 de julio de 1943 se esperaba que el avión Liberator B24 llegara a Gibraltar con el general polaco Władysław Eugeniusz Sikorski y su hija a bordo. El general era un hábil estratega y político aliado de la Corona británica. Primer ministro del gobierno en el exilio de la Polonia invadida por los nazis, Sikorski había escapado de los alemanes, de la capitulación de Francia y de los reveses diplomáticos con la Unión Soviética, primero amiga y luego enemiga. Ahora regresaba a los brazos de sus aliados británicos tras estar en Medio Oriente, donde había visitado a los contingentes militares polacos allí desplegados. Pero durante el aterrizaje en el aeropuerto de Gibraltar, debido a un error de maniobra o tal vez a un sabotaje —es algo que nunca se aclarará—, el avión en el que viajaba se salió de la pista, una franja de asfalto de un kilómetro de longitud que estaba rodeada por el mar y había sido construida a toda prisa dos años antes, y terminó en el agua en medio de la bahía.

Los bombarderos Liberator B24 reciben el nombre de «ataúdes volantes» debido a la desagradable anomalía técnica de partirse en dos en caso de amerizaje tan pronto como tocan la superficie del agua. Y eso mismo fue lo que ocurrió con el avión en el que volaba Sikorski con su séquito. Todos se ahogaron inmediatamente, excepto el piloto, el checoslovaco Edvard Prchal, que logró salir de la cabina y salvarse.

A Bailey y a Crabb les tocó bucear con otros cinco buzos y hombres rana del Underwater Working Party para recuperar de entre los restos del avión los cuerpos y, sobre todo, la cartera de Sikorski, que contenía planos y direcciones de suma importancia y de los que no existían duplicados. Era una tarea ímproba y macabra entrar en aquel pecio hundido en las aguas fangosas y contaminadas por el combustible que salía de los tanques del Liberator B24. Crabb no había participado todavía nunca en la recuperación de cadáveres y, como contará más tarde, la experiencia lo marcó. Lograron sacar la bolsa del general y uno a uno extrajeron todos los cadáveres de la carcasa del avión, excepto el de la hija de Sikorski, que no lograron encontrar.

En una de las inmersiones, al entrar en la carlinga, de pronto Crabb ve delante de él, a contraluz, una silueta humana que se agita moviendo los brazos. Crabb nada hacia ella y la agarra: es el abrigo de la niña, que ha quedado enganchado entre los restos, inflado y movido ligeramente por la corriente como un fantasma que mandara un último y apagado adiós a la vida. Crabb recoge el abrigo, pero el cuerpo de la hija del general no se encontrará nunca.

Los buzos también desmontan y recuperan el cuadro de mandos de la cabina del avión hundido, que será entregado a la Junta de Investigación de Accidentes de la Royal Air Force para intentar comprender lo ocurrido. Pero la investigación no conducirá a nada: ha sido un accidente y no se puede culpar de nada al piloto superviviente.

La guerra submarina secreta en Gibraltar continuará ocupando a Lionel Crabb hasta el final del conflicto a través una sucesión de operaciones que marcarán su vida inmediata y futura. Entre ellas, la muerte de Licio Visintini.

La noche del 7 de diciembre de 1942, el teniente Licio Visintini, comandante de la escuadrilla Osa Mayor de la Décima Flotilla Mas, se disponía a abandonar el barco Olterra para atacar al acorazado británico Nelson.

Nacido en Parenzo (Poreć-Croacia), en las atormentadas e irredentas tierras del nordeste de Italia, combatiente en la guerra española, submarinista, Visintini es ya a los veintiséis años todo un veterano. Fue idea suya la de transformar el barco Olterra en una base operativa flotante secreta anclada en el puerto neutral de Algeciras.

Con un trabajo encubierto y discreto, los italianos camuflaron y reconvirtieron el viejo carguero, semihundido por la tripulación al día siguiente de la entrada de Italia en la guerra, para evitar que cayera en manos enemigas, en una sofisticada y secreta base logística. Con la excusa de recuperar el buque mercante, falsos marinos italianos trabajaron durante semanas a plena luz del día para reparar el casco. En realidad en la gran bodega fueron colocados en secreto los *maiali*, los torpedos de velocidad lenta, que llegaron fragmentados en piezas desde Italia. Una vez disponibles, los *maiali* eran ensamblados antes de cada operación: un sistema de cabrestantes bajaba los dispositivos sumergibles a una piscina especialmente creada en la bodega, un espacio inundado que, a través de una abertura practicada en la proa bajo el flotador y, por tanto, invisible desde la superficie, permitía a los vehículos de asalto con sus pilotos a horcajadas salir directamente al mar desde el casco del buque carguero sin ser vistos.

En línea recta, había menos de nueve kilómetros desde el atraque del Olterra hasta la entrada fortificada del puerto de Gibraltar, que tenía dos accesos, uno al norte y otro al sur. Los ingleses seguían convencidos de que los asaltantes enemigos llegaban de noche a bordo de un submarino que los dejaba a poca distancia del objetivo, como de hecho sucedió antes de que se les ocurriera la ingeniosa idea de montar una base de partida justo delante de sus narices.

Para frenar la amenaza enemiga, los británicos establecieron un complejo sistema defensivo. Por la noche, momento propicio para los ataques submarinos, las dos entradas al puerto de Gibraltar estaban protegidas por una fina red de alambre metálico y una red antitorpedos más robusta. Además, durante toda la noche, patrulleras con las luces encendidas vigilaban el tramo de mar donde estaban los barcos amarrados, arrojando al agua, aquí y allá, bombas de profundidad. Pero la trampa más eficaz contra los italianos lo constituían las cargas que se lanzaban desde tierra con morteros especiales a intervalos regulares.

Era precisamente de estas armas de las que se ocupaba Lionel Crabb. Se trataba de los morteros denominados Northover modificados, y dos de ellos estaban colocados en la entrada norte del puerto y dos en la sur, custodiando los pasos que superaban los cien metros de ancho. Como recordará Crabb, aquellos morteros «eran simplemente trozos de tubo de caldera sostenidos por un afuste de madera». Parecían cañones de mentira construidos a toda prisa con accesorios baratos de una tienda de objetos escénicos para una película de piratas. En la parte trasera, un mecanismo de disparo con gatillo como el de un simple fusil permitía el lanzamiento de la bomba: se introducía un cartucho de balistita en el cañón, el operador tiraba de una cuerda atada al gatillo, el cartucho prendía fuego al cohete y el proyectil terminaba en el agua, donde explotaba.

No siempre funcionaba, a veces la bomba no explotaba, y entonces el artillero tenía que dejar pasar cierto tiempo de seguridad antes de ir a ver qué había sucedido. Por la noche, el mando de la defensa con morteros se le confiaba a Crabb, que también tenía la tarea de preparar las cargas y, en definitiva, de dirigir las operaciones, explicándoles a sus hombres, como recordará él mismo con un deje de ironía, que tenían que suspender los disparos cuando pasaban las lanchas motoras que patrullaban el puerto, las cuales, a su vez, lanzaban bombas al mar.

Desde a bordo del Olterra, con unos potentes prismáticos robados del consulado británico en Algeciras, Licio Visintini espió durante mucho tiempo el sistema defensivo del puerto de Gibraltar. Calculó los intervalos de tiempo de lanzamiento de las cargas de fondo, y llegó a la conclusión de que era posible pasar con vehículos submarinos al otro lado de las barreras de redes entre un lanzamiento de mortero y otro, evitando asimismo a las patrulleras, hasta llegar a los barcos fondeados para colocar los explosivos bajo las quillas.

La mañana del 7 de diciembre de 1942 entró en Gibraltar una potente escuadra naval de la Fuerza H, formada por unidades de transporte de tropas, el acorazado Nelson y los portaaviones Furious y Formidable. Los italianos no lo sabían, pero los angloamericanos estaban en vísperas de la operación Torch (antorcha), es decir, del desembarco masivo en Marruecos y Argelia; y como recordará Crabb, «a la salida de la luna nueva de diciembre, cuatro buques de transporte llenos de tropas estadounidenses estaban fondeadas frente a los muelles, en la entrada norte, en el sector reservado a las naves más importantes». Estaban el Nelson, el Formidable y el Furious, además de otras naves cargadas de municiones, naves cisterna y submarinos.

Desde la costa española, sobre el puente del Olterra, Licio Visintini decide que es hora de pasar a la acción. Esa misma noche, una escuadra de la Osa Mayor sale por una abertura oculta en el casco de la nave modificada. Hay seis hombres a caballo de tres torpedos de velocidad lenta: Licio Visintini y Giovanni Magro en el primero, con el objetivo de mandar a pico el Nelson. Girolamo Manisco y Dino Varini en el segundo, que apuntan al Formidable, mientras que Vittorio Cella y Salvatore Leone se ocuparán del Furioso.

El mar es un charco de tinta. Al otro lado de la bahía, la defensa antincursiones submarinas es tal que parece que el puerto celebra una fiesta patronal: las luces de los reflectores barren la superficie del mar, las patrulleras con los faros encendidos navegan por el puerto en todas direcciones, las cargas de profundidad lanzadas por los morteros de Crabb explotan cada tres minutos como si se tratara de alegres fuegos artificiales.

Visintini, que tenía como un presentimiento, en los días precedentes había escrito apresuradamente en su diario y en unas tarjetas postales destinadas a su esposa María una serie de mensajes con un tono determinante y llenos del espíritu de su tiempo: «Pienso en ti —le escribió a María—, y tu imagen es suficiente para mantener vivísimo en mí el espíritu del "vir" militante. Sé que lucharé con una determinación absoluta, premeditada, fría e ilimitada, porque quiero sentir que se rompen y restallan al chocar las cadenas que nos oprimen. Si sucediera, amada mía, moriré en el fulgor de la libertad por la que luchamos». Y añade: «Siento que se renueva dentro de mí el odio contra quienes no nos han enseñado a mirar bien a los ojos, grises, cerúleos y fríos de nuestros enemigos, los patrones nórdicos. Lo que nos jugamos mis compañeros y yo es enorme. Seré digno de ello». Y así sucesivamente, en un *crescendo* dramático donde se trasluce la premonición de lo que va a suceder, una «muerte que premiará nuestro coraje». Unos años más tarde, en Italia, la viuda de Visintini, que entretanto había dado a luz a una niña, Valeria, que murió poco después, añadiendo luto al luto, dolor al dolor, dio a leer aquellas líneas a Lionel Crabb. Y Crabb, a su vez, las refirió a sus biógrafos, para subrayar el coraje y la determinación de hombres como Visintini y lo que había supuesto aquella guerra.

La noche del 7 de diciembre de 1942, la batalla tendrá un desenlace trágico. Visintini y Magro, montados en su *maiale*, son los primeros en llegar a la entrada protegida por las redes. A pesar de las cargas de profundidad, logran entrar, teniendo en cuenta los cálculos de Visintini. Pero los lanzamientos de mortero de Crabb no son tan respetuosos con los tiempos, y los dos hombres, centrados por una carga de profundidad, mueren instantáneamente.

Detrás de ellos, Manisco y Varini logran entrar en el puerto, pero cuando emergen a la superficie son descubiertos por un centinela del Detached Mole, el rompeolas ubicado en el centro de las dos entradas al puerto. El centinela los ve, grita, dispara y la luz de un reflector enmarca el vehículo submarino justo cuando volvía a sumergirse. Los dos italianos intentan escapar bajo una lluvia de proyectiles de cañones y ametralladoras, pero al cabo de veinte minutos de inmersión, aturdidos por las cargas de profundidad y por el cansancio, hunden el *maiale* y llegan nadando hasta un barco de vapor estadounidense amarrado, donde son izados a bordo. El barco está lleno de soldados en su bautismo de fuego, muchachos que han llegado de ultramar y tienen como destino África. Muchos son italoamericanos y reciben a los dos Hombres Gamma con cálidos apretones de manos y elogios, e incluso les ayudan a deshacerse de sus trajes de neopreno y del equipo, arrojándolo todo al mar. Entregados a la policía militar británica, Manisco y Varini dirán haber llegado allí en un submarino, manteniendo al Olterra en secreto, antes de ser enviados a un campo de prisioneros.

Los otros dos incursores, Cella y Leone, mientras tanto, sorprendidos aún lejos del objetivo por la alarma general en el fuerte, ante la imposibilidad objetiva de continuar la misión, intentan regresar al Olterra escapando de la persecución de las patrulleras británicas mediante inmersiones prolongadas. Al límite de la resistencia, cuando ya están cerca de su base flotante, Cella se da cuenta de que Leone no está; ha desaparecido en el mar oscuro, ahogado o muerto por las bombas o por las ráfagas de las ametralladoras. De todo el equipo solo Cella logra regresar al Olterra.

El ataque ha fracasado, pero los británicos no lo saben. Durante toda la noche del 7 de diciembre, lanchas motoras patrullan el mar y los morteros continúan disparando al azar. «No teníamos ni idea», recordará Crabb, «de cuántos atacantes podría haber ni de cuántas cargas explosivas habrían logrado colocar, ni bajo qué barcos». Por eso, todavía en medio de la noche, a la luz de una linterna que no iluminaba más que unos pocos centímetros delante de ellos, Crabb y los demás hombres rana del Underwater Working Party se sumergen para explorar las quillas y carenas de las unidades ancladas. Es un trabajo arduo, agotador y peligroso. Crabb ni siquiera ha visto nunca cómo es una de las cargas explosivas colocadas debajo de los barcos por los italianos, y ni siquiera sabe qué cabría hacer si encontrara una. Bajo el agua, a la débil luz de la linterna, Crabb y sus hombres tantean las gigantescas panzas de los portaaviones y barcos de transporte con el temor de que podrían saltar por los aires en cualquier momento.

De madrugada, cuando ya era evidente que no se había colocado ninguna carga, porque de lo contrario ya habría explotado, se dio la orden de suspender las operaciones de búsqueda en el puerto de Gibraltar. En las horas siguientes, Crabb recibe la orden de intentar recuperar uno de los *maiali* italianos seguramente hundidos: es esencial para la Armada británica descubrir cómo se fabrican esos artilugios y cómo funcionan. La tarea de Crabb será localizar una especie de torpedo de menos de siete metros de largo hundido en treinta metros de agua en algún lugar de la bahía. La clásica aguja en un pajar.

Durante una semana, Crabb trabajará escaneando el fondo marino mediante el uso de una antigua campana neumática de cincuenta toneladas utilizada por los servicios portuarios de Gibraltar, diseñada para inspeccionar dársenas en aguas poco profundas. Calado en el fondo marino en aquella cámara neumática junto a buzos civiles españoles, Crabb recordará largas y tranquilas horas observando «un pulpo, maravillosas plantas marinas, arena, rocas y tanta agua». Ni sombra del torpedo de marcha lenta.

Una semana después, cuando ya había vuelto a sus tareas habituales, Crabb recibe en su oficina una caja que contiene los equipos submarinos de Visintini y Magro, con la felicitación del comandante. Finalmente sus cuerpos habían sido hallados. Los morteros de Crabb no habían sido inútiles. Los dos italianos fueron identificados por el nombre impreso en su ropa interior. Crabb no tenía idea de quiénes eran Visintini y Magro, nunca había oído hablar de ellos. Para él eran como dos criaturas marinas fantasmales y hostiles que de repente se manifestaban en carne y hueso. En la morgue le dicen que quieren desembarazarse de los cuerpos lo antes posible, a ellos no les interesan los dos italianos muertos. Entonces, Crabb, de acuerdo con Bill Bailey, a pesar de las dudas de las autoridades británicas, se hace con una bandera tricolor y una corona fúnebre y organiza un funeral digno, un homenaje a los valientes adversarios muertos, asesinados por sus morteros. Visintini y Magro son sepultados en el mar con todos los honores. La noticia de aquel gesto se extiende rápidamente incluso entre los Gamma.

Tres años más tarde, cuando Crabb llega a Italia al mando de la Allied Experimental Station destinada a la isla de Sant'Andrea en Venecia, Maria Visintini quiere conocerlo. Él había matado a su marido, ella había sufrido su pérdida y, unos meses después, la de su hija recién nacida. Cuando se encuentran, María Visintini y Lionel Crabb hablan de lo que pasó, de cómo sucedió todo, de la guerra, lo que dejó escrito Licio Visintini, cómo murió y cómo fue enterrado en el mar. Al final, Crabb le ofrece a la viuda un contrato para entrar a su servicio como secretaria. María Visintini se convertirá en su estrecha colaboradora durante todo el tiempo que el ahora famoso hombre rana pasará en Italia trabajando con sus antiguos enemigos, Eugenio Wolk, Belloni y los demás, para asegurar los puertos, como se puede ver en la foto tomada por el mismo Wolk en el verano de 1945 en Sant'Andrea.

Regreso a casa

Acabada la guerra, y una vez terminado su trabajo en Italia, en los albores de los años 1950, Lionel Crabb regresa a Londres, pero para entonces ya es un héroe en decadencia, aunque todavía no lo sepa. El oficial, condecorado con la Orden del Imperio Británico, pero procedente de la reserva, no tiene derecho a pensión. El Almirantazgo le escribió que, dada la actual situación, no podían aceptar su solicitud de prorrogar sus servicios pagados. Su reputación como héroe de guerra no se ve empañada, pero para ganarse la vida tendrá que arreglárselas por su cuenta.

En aquellos primeros años de la posguerra, entre sus pocos consuelos, además de la ginebra y el tabaco, están las relaciones que mantiene con sus antiguos enemigos italianos. Cultiva un intenso intercambio epistolar con el anciano Angelo Belloni, el padre de los asaltantes italianos, cada vez más sordo, que sigue bombardeándolo con cartas con proyectos de nuevas técnicas de buceo y otras aventuras submarinas que compartir. También lo visita durante un viaje al Reino Unido.

Incluso el excomandante de la Décima Mas, Junio Valerio Borghese, de paso por Londres, quiere encontrarse con Crabb para recordar cuando estuvieron en bandos opuestos y felicitarlo por la guerra leal y despiadada librada en el Mediterráneo.

La fama de Lionel Crabb está bastante extendida en Italia. En 1954, con el rostro del actor Charles Fawcett, Crabb apareció en la película *Mizar (Sabotaggio in mare)*, dirigida por uno de los padres del neorrealismo, Francesco De Robertis, exoficial de la

Marina. La película está inspirada en las hazañas de Luigi Ferraro, uno de los principales atacantes de la Décima Flotilla Mas, que hundió o dañó varios barcos enemigos mientras actuaba encubierto como falso empleado en el consulado italiano en Alessandretta, Turquía. En la película, el personaje de Crabb es engañado por Ferraro, que logra escapar antes de ser capturado por los ingleses, pero se aprecia la indulgencia del director hacia el adversario de los italianos, llamado en la película por su verdadero nombre.

Con el rostro del actor Pedro Giménez, Lionel Crabb también aparece en la película *La mujer que vino del mar* (1957), también de De Robertis, con Vittorio De Sica y Sandra Milo, ambientada en Algeciras. Otra historia que, como la película *Alarma en la flota* (1953), dirigida por Duilio Coletti, relata las hazañas del Olterra.

El nombre y las hazañas de Lionel Crabb también recorren los caminos de la literatura. En 1950, un editor le ofreció a Crabb un contrato para publicar un libro con la historia de su vida. Pero el contrato llevaba en la fecha el número 13, y Crabb, que era un hombre supersticioso de fama legendaria, se negó. Aunque su figura aparece ya en muchas narraciones, la vida burguesa de héroe retirado le aburre y le inquieta. En 1952, Crabb conoce y se casa con Margaret Elaine Player, pero el matrimonio dura hasta abril de 1953 y termina en un divorcio envenenado.

En 1956, el año de su clamorosa desaparición, con cuarenta y siete años, Lionel Crabb es un hombre deprimido que sobrevive recordando tiempos pasados.

«Me han matado, Syd», le confía a su amigo Sydney James Knowles. Sigue viviendo en Londres, en un piso en Hans Road, en Knightsbridge, la zona de la alta costura londinense, cerca de los grandes almacenes Harrods, vendiendo muebles de cocina. Al capellán del oratorio de Brampton, al que llama mayordomo de Dios, le confía que quiere suicidarse. Ahora, para darse tono, sale siempre de casa con el monóculo y un bastón con mango de oro que esconde en su interior una hoja afilada, regalo de un pintor amigo suyo. Patricia Rose, su nueva novia, una mujer de unos cuarenta años, rubia y muy atractiva, de aire paciente y maternal, que vive en Ovington Gardens, recordará cómo Crabbie en esa época fumaba y bebía en exceso, «llegando incluso a beber una botella entera de ginebra en una sola noche».

En realidad, las cosas no le fueron tan mal. Aunque se le negó una pensión, en los primeros años de la posguerra, Crabb continuó colaborando con el Almirantazgo en algunas operaciones submarinas, como la operación de rescate, tras el hundimiento, del submarino Truculent, en el invierno de 1950. El 12 de enero de aquel año, el Truculent regresaba a Sheerness, en Kent, después de haber sido sometido a algunos trabajos de manutención en los astilleros de Chatham, cuando, mientras navegaba de noche por el estuario del Támesis, debido a un error de maniobra, chocó con el petrolero sueco Divina. Entre los que quedaron atrapados en el barco y los que no sobrevivieron, arrastrados por la corriente hacia las gélidas aguas del Támesis, murieron un total de sesenta y cuatro hombres, entre tripulantes y trabajadores del astillero alojados a bordo. Al día siguiente, un maldito día 13, Crabb estaba en el primer equipo de buzos que intervino para intentar sacar a alguien aún con vida de entre los restos del naufragio, que se encontraban a dieciocho metros de profundidad. Pero no hubo nada que hacer.

Un año antes de su desaparición, en 1955, Crabb también llevó a cabo una misión secreta por encargo del MI6, que consistió en examinar bajo el agua la quilla del crucero soviético Sverdlov anclado en Portsmouth.

Ir a espiar debajo del vientre de barcos extranjeros o enemigos era una práctica extendida desde la Segunda Guerra Mundial. «No tienes idea de cuánto se puede descubrir examinando la quilla de un barco», dice un oficial británico en el documental de la BBC sobre la desaparición de Crabb.

El Sverdlov era un crucero de la misma clase que el Ordzhonikidze, el barco que fue la causa de la desaparición de Crabb. Eran unidades muy grandes y potentes, de nueva concepción, con un casco muy largo y de gran velocidad. Cómo lograban alcanzar los 32,5 nudos era un misterio que interesaba a los mandos de las Armadas occidentales e impulsaba a los servicios secretos a hacer algo para averiguarlo. Por ello no es de extrañar que, después de la misión bajo la nave Sverdlov, se le pidiera al viejo hombre rana Lionel Crabb que se deslizara, sin ser descubierto, bajo el vientre del crucero soviético Ordzhonikidze, anclado a un paso de la escuela naval Vernon de Portsmouth, que era un poco como su segundo hogar.

Es el resto, todo lo que sucedió después, lo que, tras más de sesenta años, todavía no cuadra.

Misión peligrosa

El 18 de abril de 1956 —el «inolvidable 1956», en palabras del líder comunista Pietro Ingrao—, en plena Guerra Fría, el secretario general del Partido Comunista de la Unión Soviética (PCUS), Nikita Khrushchev, acompañado por el primer ministro Nikolaj Aleksandrovič Bulganin, realiza una visita oficial al Reino Unido por invitación del primer ministro Anthony Eden. Tres meses antes, en el XX Congreso del Partido Comunista Soviético, en un interminable discurso de cinco horas de duración, Khrushchev había hablado de «coexistencia pacífica» entre los bloques, de «prevenir la guerra en nuestra era», de «fuerzas del socialismo que puedan afirmarse sin revoluciones, sin guerras civiles, mediante procesos parlamentarios». Y luego, en un discurso secreto ante miembros del PCUS, que pronto se haría público en todo el mundo, Khrushchev denunció los crímenes de Stalin.

Anthony Eden, ansioso por deshacerse de su engorrosa reputación de delfín dirigido por Winston Churchill y tras la decepcionante cumbre de Ginebra sobre seguridad global, hace lo posible por demostrar que le importa la distensión mundial e invita al Reino Unido al secretario del PCUS acompañado por el jefe de Gobierno.

La visita pretende ser un hito histórico, otra derrota de la política de la Guerra Fría, como tituló con entusiasmo el periódico comunista *L'Unità* en Italia.

Khrushchev y Bulganin se presentan en el Reino Unido a bordo de una pequeña y amenazadora escuadra naval: el crucero Ordzhonikidze y otras dos unidades de escolta atracan en la base naval de Portsmouth. Desde allí, Khrushchev y Bulganin se dirigirán a Londres en tren para encontrarse con Eden en un corto viaje triunfal, mientras en Portsmouth las autoridades organizan una fiesta con baile entre las chicas del lugar y los muy vergonzosos marineros soviéticos. Entretanto, Lionel «Buster» Crabb está a punto de abrir el último capítulo de su vida. O quizás el primero de otra improbable existencia.

El día antes de la llegada de los invitados soviéticos, el 17 de abril de 1956, Crabb abandona su apartamento amueblado en Hans Road para dirigirse a casa de su compañera Patricia. El cielo es plomizo como solo en Londres puede serlo, Crabb lleva una gabardina, una gorra de *tweed*, y camina con su habitual monóculo y el bastón adornado con pomo de oro. Está de muy mal humor y Pat se da cuenta enseguida, en cuanto le abre la puerta.

Como recordará más tarde Patricia, en una de las muchas reconstrucciones detalladas de lo sucedido, estaba claro que a Crabbie le rondaba algo por la mente que lo preocupaba. Ella le pregunta qué le pasa y él, por toda respuesta, le propone salir a dar una vuelta. Van a la Grove Tavern, regentada por su amigo Richard Dipple; Crabb pide un *gin tonic*, y ella, un *amaro*. «¿Cómo es qué no tomas la ginebra habitual?», le pregunta Pat. Él responde que no le apetece, que está empezando a beber menos. Tras tomar el aperitivo, Crabb y Patricia se van a almorzar al Nag's Head de Kinnerton Street, y antes de comer charlan un poco con el propietario, Len Cole. Crabb no tiene hambre, fuma un cigarrillo tras otro. Al final, se confía. Le dice a Pat que tiene que ir a la escuela Vernon de Portsmouth para probar nuevos equipos de buceo.

Pero, tú, el campeón de los buceadores, le dice Pat, ¿te preocupas porque tienes que probar un equipo nuevo? ¿Por qué estás tan nervioso?

Crabb le dice que tiene razón, que es solo una tarea rutinaria. Pero tiene que irse ahora, tiene que coger el tren de las 3:38. «Estaré contigo de nuevo mañana por la noche», le dice a Pat.

Ella le recuerda que tienen una cita para cenar con un amigo, un excomandante de la Royal Navy. Pero Crabb le dice que lo siente, pero que tendrán que posponerlo.

Cuando están a punto de abandonar Nag's Head, Crabbie, de pronto, le pide a Pat que lo acompañe a Portsmouth, que no quiere ir solo. «Dios mío», le responde Pat, «no tengo ninguna gana de ir a Portsmouth, ¿por qué debería hacerlo?». Len Cole, que los había acompañado hasta la puerta, interviene a favor de Crabb: «Vamos, Pat —le dice—, qué te cuesta, no es más que una hora de tren. Crabbie está pasando por un mal momento, deberías ir con él» . Ella se deja convencer. Como contará más tarde en varias ocasiones, incluida una entrevista concedida a la BBC, precisamente en el tren a Portsmouth para hacer más convincente la escena, fue allí donde Crabbie le confesó a Pat que tenía que llevar a cabo una misión no oficial: examinar la quilla del crucero soviético que estaba a punto de llegar a Portsmouth, como lo había hecho el año anterior con el Sverdlov.

Se trata de una operación de la que el Almirantazgo británico oficialmente no debe saber nada; está dirigida por un agente del MI6, un tal Matthew Smith. Crabbie y Smith se relacionan desde hace algún tiempo, se conocieron en Londres, y a Patricia ese hombre no le agrada nada, lo considera un peligroso y ambiguo aventurero.

Durante el viaje en tren a Portsmouth, Patricia intenta por todos los medios disuadir a Crabb de realizar esa misión, sobre todo cuando descubre que solo le darán cincuenta libras. «Debes de estar completamente loco», le dice Pat, «ahora que tienes dinero, estás trabajando en tu libro y hay editores ingleses y americanos interesados, y que sabes ya que harán una película de él, el trabajo no te falta. ¿Por qué quieres arriesgar tu vida por cincuenta miserables libras?».

Crabb, que sigue fumando un cigarrillo tras otro, le dice que ya no puede echarse atrás, que ha dado su palabra, que no lo hace por dinero, sino por una especie de desafío consigo mismo.

Pero se nota que está preocupado. Hace meses que no se sumerge en el agua. Y la idea de bucear a plena luz del día alrededor de un barco fuertemente vigilado, mientras se desarrolla una delicada cumbre política y diplomática ante los ojos de todo el mundo, no es ninguna tontería. No es como la incursión del Sverdlov, aquí, si lo atrapan, existe el riesgo de un incidente diplomático con efectos devastadores. Pero, a pesar de todo, Lionel Crabb quiere hacerlo.

En la película *Mizar (Sabotaggio nel mare)*, de dos años antes, el personaje de Luigi Ferraro pronuncia la frase: «Bajo el agua hasta la conciencia es límpida». Significa que quien se adentra en el mundo submarino, por cualquier motivo, incluso si se trata de una guerra de corsarios, lo hace obedeciendo a una especie de imperativo categórico que le lleva a enfrentarse a elementos muchas veces extremos, en un espacio donde el extraño es el humano; así que, sea cual sea el objetivo, es el hecho mismo de involucrarse en él lo que limpia la conciencia. Esto es lo que tienen en común quienes frecuentan los mundos submarinos, incluso aunque estuvieran armados uno contra otro. Esto es lo que unió a los hombres de la Décima Mas y a los del Underwater Working Party.

Así, cuando Lionel Crabb llega a Portsmouth la tarde del 17 de abril de 1956 para adentrarse en lo que —se crea o no en las versiones posteriores de los hechos— será de todos modos una trampa, obedece a esa idea de desafío que le ayuda a mantener la conciencia limpia.

Nada más llegar a Portsmouth, donde se están realizando los preparativos para recibir a la delegación soviética, y mientras Patricia regresa a Londres en tren, Crabb se reúne con Matthew Smith, que lo espera en un café de High Street. Los dos se dirigen al Sallyport, un pequeño hotel en las proximidades del muelle. El propietario del hotel, Edward Richman, les pregunta cuánto tiempo piensan quedarse. Una o dos noches, le responde Smith, mientras que Crabb, por el contrario, le especifica que quiere partir al día siguiente.

Una vez completado el trámite de registro, suben a sus respectivas habitaciones. La de Crabb, la número veinte, es una pequeña habitación con techo abuhardillado, luminosa, discreta y acogedora. Mientras Crabb deshace su maleta, la anciana camarera Luly Cripps llama a la puerta y lo saluda como si lo conociera de toda la vida. Los dos conversan durante unos minutos, hasta que llega Smith, que parece un poco nervioso y despide a la camarera.

«Vamos, Lionel, será mejor que revises el equipo hoy antes de que llegue el barco», le dice Smith. «¿Y tu equipo?», le pregunta Crabb. «No lo necesito», responde Smith, «los planes han cambiado, serás el único en bucear, yo seguiré la operación desde el muelle».

A Crabb no le hace ninguna gracia, no le apetece meterse solo en el agua. Pero ahora ya está en danza y tampoco se atreve a arruinarlo todo. Los dos se separan y Crabb llega a su querida escuela naval de Vernon.

A partir de aquí, la reconstrucción de lo ocurrido se vuelve complicada y confusa. Todo el mundo conoce a Crabb en la escuela naval y, con la llegada de los barcos rusos, todos imaginan para qué está allí el viejo hombre rana. Y no pocos de sus compañeros intentan disuadirlo. Según una versión, Lionel Crabb encontró en la escuela de Vernon todo el apoyo necesario para la misión, en términos de equipamiento y asistencia en el mar. Sin embargo, según otra reconstrucción, Crabb negó que estuviera allí con fines operativos: controló en secreto, o con una excusa, su equipamiento (traje de neopreno, aletas, máscara y autorrespirador) y regresó tranquilamente al hotel.

La Escuela Naval de Vernon, compuesta por sus dos buques desmantelados, está ubicada a un paso del muelle donde atracarán los barcos soviéticos. Desde el Vernon, un simple buzo puede tardar menos de un cuarto de hora en llegar al muelle donde anclará el crucero Ordzhonikidze y los dos cazas de escolta, uno al lado del otro. Según un mapa reproducido en una de las numerosas reconstrucciones de los hechos, Crabb habría cruzado fácilmente el corto tramo de mar abierto entre Vernon y el muelle, siguiendo luego el embarcadero hasta llegar a los barcos. Y eso fue probablemente lo que hizo antes de desaparecer.

Al regreso de Vernon, donde revisó y preparó su equipo de buceo, Crabb se encontrará de nuevo con Smith. Mientras tanto, los barcos soviéticos han llegado a Portsmouth con gran despliegue de piquetes armados y solemnes protocolos.

El 18 de abril, a las 11:15 horas, Khrushchev y Bulganin, tras desembarcar de las naves, toman un tren especial compuesto por ocho vagones con destino a Londres, donde, en la estación, serán recibidos por una pequeña multitud cuidadosamente seleccionada por razones de seguridad y por el primer ministro Anthony Eden. Sonrisas, intercambio de ramos de flores, flashes de fotógrafos; pero ninguna bandera. La delegación inglesa con riguroso traje oscuro, la soviética con trajes grises primaverales. En el encuentro con la prensa, Eden pronuncia un breve discurso ante los micrófonos de la BBC: «Se han verificado muchos acontecimientos desde entonces —dice el primer ministro británico refiriéndose a la reciente cumbre de

Ginebra—, pero estoy seguro de que nuestros invitados estarán, pues, de acuerdo conmigo en considerar, pues, que su visita es más importante que nunca. Esperamos con impaciencia conversaciones con Bulganin y Khrushchev sobre muchos temas relacionados con las relaciones comerciales anglo-soviéticas, la paz y la prosperidad mundial». «Esta —continúa Eden— es la primera vez que los dirigentes de la Unión Soviética visitan nuestro país. Al saludarlos albergo la esperanza de que con nuestro trabajo y nuestras decisiones logremos mejorar las relaciones entre nuestros dos países y nuestros dos pueblos».

Bulganin, que ha preparado un discurso escrito, lo saca del bolsillo y lo lee; da las gracias al gobierno británico y a la reina, y explica que su objetivo es «evitar que una nueva guerra destruya la civilización para siempre».

Entretanto, en Portsmouth, Lionel Crabb se prepara para la misión.

Según algunas reconstrucciones, con la excusa de probar unos nuevos equipos submarinos, tal vez dotados de cámaras fotográficas, el día anterior había realizado una inmersión de prueba buceando desde los muelles de la Vernon. El entrenamiento parece haberle ido bien. A pesar de su edad, los cigarrillos y el alcohol, Crabbie sigue manteniendo buenas habilidades acuáticas y una flotabilidad razonable. Por otra parte, la visibilidad era buena, las corrientes moderadas y el aparato respiratorio de circuito cerrado había funcionado perfectamente.

Con la moral alta después de aquella inmersión, Crabb mantendrá una serie de reuniones durante el día anterior a la operación. Se reunió con Smith en un café y los dos discutieron. Crabb, que todavía estaba molesto porque el estadounidense lo dejaba entrar solo en el agua, le dijo que quería realizar el reconocimiento a las siete de la mañana, a plena luz del día. Smith insistió en que fuera de noche, al amparo de la oscuridad. Pero por la noche, le replicó Crabb, tendría que usar una linterna; de lo contrario, ¿cómo vería debajo del barco? Y además por la mañana la marea es favorable, no hay corrientes. Y, al fin y al cabo, él era el asaltante y el que decidía lo que había que hacer.

Luego, los dos juntos se fueron al Monks Bar, en la antigua High Street, donde se encontraron con algunos de los amigos de Crabb, oficiales y suboficiales de la base. Ninguno mencionó la llegada de los barcos soviéticos. Por la tarde, Crabb y Smith regresaron al hotel Sallyport.

Extrañas desapariciones

En las declaraciones posteriores a la desaparición de Crabb, la camarera del Sallyport, Lily Cripps, oficialmente la última persona que lo vio con vida, dijo que lo había encontrado el 19 de abril antes de las siete mientras bajaba las escaleras del hotel. Crabb le dijo —según refirió Cripps— que iba a dar un paseo por los muelles. Desde entonces no se había sabido nada de él.

En las horas siguientes a la mañana del 19 de abril, la primera en preocuparse fue Patricia, quien al día siguiente, al ver que no regresaba y al no tener noticias suyas, moviliza a sus amigos. Primero va al Nag's Head en Kinnerton Street, su pub favorito, donde Len Cole, informado por Pat de la misión de Crabb, la tranquiliza: «No te preocupes, es demasiado inteligente como para que los rusos lo atrapen, ya verás que regresa». Lo mismo le dicen en el Grove Tavern de Beauchamp Place, otro lugar de encuentro habitual, y luego en el Lowndes Arms, de Eaton Place, donde Patricia conoce al actor Dennis Price, amigo común, otro alcoholizado, protagonista de un montón de películas populares, entre las que se encuentra *El brazo equivocado de la ley* (1963). Price también la tranquiliza. Al final, Pat recurre al socio comercial de Crabb (con el que vende muebles de cocina), Pendock, quien, al día siguiente, 20 de abril, llama al hotel de Portsmouth. El propietario, Edward Richman, le dice que Crabb se ha ido. En realidad —le explica—, fue Smith quien pagó la cuenta de ambos y se llevó los efectos personales y el equipaje de Crabb; el cual, al parecer, había tenido que abandonar Portsmouth a toda prisa.

Pasan los días, Matthew Smith se ha esfumado; pero ahora el rumor de que Crabb ha desaparecido mientras realizaba una misión de espionaje bajo barcos soviéticos se ha extendido como la pólvora.

Nueve días después de la desaparición, un sábado 28 de abril, mientras los barcos soviéticos regresan a su base de Baltiysk, un oficial del Almirantazgo británico va a casa de Pat, en Ovington Gardens, pero no la encuentra. Entonces le deja un mensaje para ella a Lloyd Pride, el propietario australiano del edificio, quien a su vez se lo comunica a Pat cuando esta regresa a casa: el comandante Crabb está oficialmente desaparecido, pero todavía hay esperanzas de que pueda estar vivo. Al día siguiente, domingo 29 de abril, el Almirantazgo hizo un breve anuncio público sobre la desaparición de Crabb: «Se cree que murió en un accidente durante las pruebas de ciertos equipos submarinos en la localidad de Stokes Bay, hace nueve días». Stokes Bay está situada a tres millas de Portsmouth, tiene una hermosa playa de guijarros y un antiguo fuerte militar, y entre 1879 y 1912 se utilizó para probar minas submarinas y es, en definitiva, el lugar tradicionalmente utilizado por la Armada británica como base naval para ejercitaciones de diversos tipos.

La prensa inmediatamente se huele el escándalo y se alborota, entre otras cosas porque ahora es una evidencia generalizada que la desaparición del héroe nacional Lionel Crabb está relacionada en realidad con la visita de la escuadra naval soviética.

Enseguida Portsmouth se ve invadida por periodistas, mientras Patricia Rose recibe una avalancha de ofertas económicas para conceder entrevistas o escribir un libro sobre la historia. Su teléfono suena día y noche. Ella rechaza las ofertas, pero no se hace de rogar, y cuenta a *urbi et orbi* lo sucedido y la peligrosa misión de espionaje de su novio.

El caso ahora estalla, los periódicos hablan abiertamente de intriga internacional. Se descubre que, el 21 de abril, el jefe del Departamento de Investigación Criminal, Stanley Jack Lamport, fue al hotel Sallyport y, ante la mirada atónita de Edward Richman, rompió las páginas del registro de asistencia correspondientes a las tres primeras semanas de abril.

Los periodistas se ponen manos a la obra, siguen paso a paso el rastro de Crabb, sacan a relucir al misterioso Matthew Smith, descubren el registro mutilado de Sallyport y llegan a la conclusión de que la versión del Almirantazgo de los experimentos en Stokes Bay es solo una cortina de humo. Los reporteros más atrevidos llaman directamente a Moscú y descubren que sí, que efectivamente en la mañana del 19 de abril los marineros soviéticos habían visto a un buzo nadando en torno al crucero Ordzhonikidze.

El 4 de mayo de 1956, Moscú toma oficialmente una posición en el asunto. La embajada soviética en Londres transmitió una nota diplomática al Ministerio de Asuntos Exteriores. La nota explicaba que, a las 7:30 horas del 19 de abril, los marineros soviéticos vieron a un buzo nadando entre los cazatorpederos (los dos cazas y el crucero estaban amarrados uno al lado del otro con el Ordzhonikidze atracado en el muelle). El buzo, se lee en la nota diplomática, «que vestía un traje de buceo completamente negro y estaba equipado con aletas, fue visto en la superficie del agua durante un período de tiempo calculado entre uno y tres minutos, y luego se sumergió nuevamente a lo largo del flanco del caza Smotriashchin». En ese momento, explica la nota enviada desde Moscú, el comandante de la escuadra naval, el contralmirante Kotov, llamó al jefe de Estado Mayor de la base naval de Portsmouth, el contraalmirante Robert Burnett, para pedirle explicaciones. Burnett descartó categóricamente que esa mañana, a esa hora, hubiera alguna operación en el puerto que implicara el uso de buzos: aquel buzo, fuera quien fuera, no tenía nada que ver con las autoridades británicas. Sin embargo, dado que la prensa había confirmado la inspección submarina secreta de los barcos soviéticos realizada por el buzo Lionel Crabb «durante una visita amistosa a la base naval británica en Portsmouth», la embajada soviética «agradecería al Ministerio de Asuntos Exteriores que le diera una explicación al respecto».

El Ministerio de Asuntos Exteriores respondió el mismo día admitiendo que sí, que era cierto, que con toda probabilidad el buceador visto por los marineros era Lionel Crabb, que se encontraba en el agua realizando «ejercitaciones de natación submarina». De todos modos, se creía que el citado Crabb «había perdido la vida durante esas ejercitaciones» y, en todo caso, su presencia en torno a los barcos soviéticos «se había producido al margen de cualquier autorización, y el Gobierno de Su Majestad expresaba su pesar por el accidente».

Podría haber terminado todo ahí. Pero la tormenta provocada por la desaparición de Crabb embistió como un tsunami al Parlamento de Londres. Los laboristas ya podían atacar de nuevo al primer ministro Anthony Eden precisamente cuando se regodeaba del éxito de la visita de Khrushchev. En la Cámara, diputados de la oposición le exigen claridad: ¿qué pasó con Crabb? Si murió, ¿a dónde fue a parar su cadáver? ¿Realmente lo montó todo solo? ¿De veras el Almirantazgo no sabía nada al respecto? ¿Cómo había sido posible semejante escándalo durante la visita de amistad de los soviéticos?

Eden les responde que lo que sucedió «ocurrió sin la autorización ni el conocimiento del Gobierno de Su Majestad», y que «están a punto de adoptarse medidas disciplinarias apropiadas». Pero luego, en medio del caos, el primer ministro soltará una frase de la que los periodistas y agentes secretos de todo el mundo informaron rápidamente: «Sería contrario al interés público —afirmó— revelar las circunstancias en las que se cree que el Comandante Crabb ha encontrado la muerte».

Es suficiente para echar más leña al fuego. El asunto Crabb no sale de las páginas de los periódicos y, más allá de las versiones oficiales, comienza a abrirse paso otra hipótesis: que Lionel Crabb, después de haber sido visto flotando entre los barcos, haya sido capturado por los rusos y llevado a la Unión Soviética. La prensa soviética, *Pravda* e *Izvestija,* comenzó a ocuparse del asunto inmediatamente después del envío de la nota diplomática al Ministerio de Asuntos Exteriores. Son artículos que registran la tormenta política que ha azotado a Eden y hablan de «accidente» ocurrido a Crabb durante una torpe misión de espionaje. En efecto, escribe *Pravda,* se trató de «una vergonzosa operación de espionaje submarino dirigida contra quienes venían en visita amistosa, que en modo alguno honra a sus organizadores y no puede dejar de suscitar legítima preocupación tanto en la opinión pública soviética como en la británica».

El Ejecutivo de Su Majestad se mantiene firme y sigue atrincherándose en su primera versión: fue un accidente. Y lo que Crabb estuviera haciendo en el agua de Portsmouth no estaba autorizado y mucho menos estaban al corriente el Gobierno ni el Almirantazgo. Los eventuales responsables o cómplices serán castigados. El 10 de mayo, el Ministerio de Asuntos Exteriores envió una nota clasificada como de alto secreto al embajador en Moscú, Sir Ivone Kirkpatrick. El propio Anthony Eden le pregunta al embajador si, en su opinión, la posición oficial del Gobierno —es decir, que nadie sabía nada de la misión de Crabb y que los responsables serán castigados— es suficiente para calmar las aguas, o si «considera necesario algún paso más»; por ejemplo, solicitar «una entrevista personal» con el primer ministro soviético Bulganin o «una ulterior comunicación a los rusos, o alguna otra cosa». Kirkpatrick le responde que, en su opinión, no parece que los rusos «quieran explotar el incidente del hombre rana», por lo que, por parte del gobierno británico «cuanto menos se hable de ello, mejor».

Sin embargo, los soviéticos no sueltan la presa y, de hecho, aprovechan el desastre para llevar agua a su propio molino. El 16 de mayo, *Izvestija* informa sobre las disputas en la Cámara de Londres, subrayando la posición del diputado laborista Hugh Gaitskell, quien en su ataque contra el primer ministro Eden criticó abiertamente a los servicios secretos británicos, llegando incluso a decir que tal vez habría que haber confiado la misión a «agentes más jóvenes» que Crabb.

Mientras tanto, el almirante Kotov, en una entrevista a *Pravda*, hace pública su versión de los hechos ocurridos la mañana del 19 de abril: el avistamiento entre los barcos del hombre rana en el agua a las 7:30 horas por tres marineros del caza Sovershenny, la llamada telefónica a Burnett pidiéndole explicaciones y todo el resto, sin decir qué había pasado luego con aquel buzo.

Tampoco la prensa occidental se da por vencida. En junio, el *Evening News* de Londres apoyaba en un artículo la hipótesis del secuestro de Crabb por los rusos. El 7 de agosto, cuatro meses después de la desaparición de Crabb, un teletipo de la agencia Reuters, desde su sede en Copenhague, da aliento a esta tesis. Según han referido algunos miembros de la National Alliance of Russian Solidarists —la NTS, organización fundada en 1930 por jóvenes emigrantes rusos y anticomunistas—, Crabb se encuentra en la Unión Soviética. Miembros del NTS han hablado con algunos marineros soviéticos del Ordzhonikidze, en visita oficial a Copenhague con dos cazas de escolta, quienes les habrían referido que durante el viaje de regreso desde Inglaterra, en abril, parte de la enfermería de la nave había sido severamente aislada. Había alguien en el local, pero ninguno de los miembros de la tripulación podía saber quién era. Por otra parte, en Londres, desde hacía algunas semanas, Patricia Rose estaba recibiendo extrañas llamadas telefónicas. Alguien, una voz masculina, la llamaba diciendo que Crabb estaba vivo, que estaba en manos de los rusos, pero que dentro de diez años podría regresar a casa. ¿Una burla?

La hipótesis de que Crabb continúa vivo en manos de los soviéticos gana terreno. Un periódico de

Alemania del Este publica algunas fotografías que muestran a Crabb, Patricia y otros amigos durante unas vacaciones en Francia. Son fotografías familiares que Pat reconoce inmediatamente, y que eran de Crabbie. ¿Quién se las había dado a ese periódico? La sospecha de que el comandante Crabb no murió, sino que está en manos de los soviéticos, sigue abriéndose paso con insistencia en la prensa. Hasta que un nuevo giro vuelve a cambiar las cartas sobre la mesa.

Poco más de un año después de la desaparición de Crabb, el domingo 9 de junio de 1957, cerca de un banco de arena en la desembocadura del puerto de Chichester, a una docena de kilómetros al sureste de Portsmouth, John Randall, que estaba pescando en una barca con su hermano, nota algo que flota a la deriva. Es el cadáver de un hombre, vestido con traje de buceo. Todavía tiene las aletas, pero ya no tiene ni cabeza ni manos. Randall y su hermano atan a un cable el cuerpo y lo arrastran hasta la orilla.

La investigación parte inmediatamente de la hipótesis de que podría tratarse de Crabb. El médico forense encargado de la autopsia inicial, Donald Plimsoll King, afirma en su informe que es imposible identificar el cuerpo, que lleva sumergido en el mar desde hace al menos un año. La exesposa de Crabb, Margaret Elaine, que es llamada para identificarlo, no avala la hipótesis de que se trate de su exmarido. Sin embargo, una serie de exámenes realizados por Plimsoll King evidencian particulares, como la altura, un juanete, una posible cicatriz en la rodilla izquierda (las partes del cuerpo envueltas en el traje estaban mejor conservadas), que coinciden con la figura de Crabb. Además, Eric Blake, director comercial de la empresa Heinke and Co. de Bermondsey, fabricante de equipos de buceo y amigo y proveedor de Crabb, reconoce el traje, un modelo particular hecho a medida, que le había vendido dos años antes.

A finales de junio de 1957, la investigación oficial concluye declarando que sí, que el cuerpo encontrado en el puerto de Chichester era efectivamente el del comandante Crabb. Para las autoridades británicas, con el Almirantazgo a la cabeza, ya no hay dudas: Crabb murió el 19 de abril de 1956 durante una inmersión no autorizada en los muelles de Portsmouth, donde estaban amarrados los barcos soviéticos visitantes. Con toda probabilidad su muerte fue accidental, debido a enfermedad, a un mal funcionamiento del equipo, o porque —es otra hipótesis sugerida por diversos medios, pero nunca demostrada—, después de haberlo visto y de haber avisado a las autoridades británicas, los soviéticos habían activado un procedimiento defensivo habitual, que consiste en hacer girar lentamente en sentido inverso las hélices de los barcos fondeados para crear un vórtice que succiona y corta en pedazos a los eventuales incursores submarinos. Su cuerpo envuelto en el traje de buceo habría permanecido a merced de las corrientes durante un año, hasta que fue encontrado en el puerto de Chichester y ahora descansa en el cementerio de Milton en Portsmouth.

La historia de la misteriosa desaparición de Lionel Crabb podría haber acabado de nuevo aquí. Pero, dos años después, en noviembre de 1959, la teoría de la captura y el secuestro por parte de los soviéticos volvió a cobrar fuerza. El que dio nueva vida a la hipótesis de la conspiración fue, en primer lugar, el historiador, periodista y escritor Joseph Bernard Hutton. Este era también un sovietólogo de cierto renombre, un experto en espionaje, autor de libros como *Hess: The Man and His Mission* (la historia del temerario vuelo de Rudolf Hess a Escocia en 1941 para intentar negociar la paz con los ingleses a espaldas de Hitler), *Women in Espionage*, *School for Spies: The ABC of How Russia's Secret Service Operates*, *The Subverters*, *Stalin: The Miraculous Georgian* y otras publicaciones del mismo tipo, muy en boga en aquella época.

Con unas gruesas gafas de miope y el aspecto de uno que considera que sabe mucho más de cuanto está dispuesto a admitir y que está acostumbrado a que no crean siempre todo lo que dice, Hutton, en aquellos años entre los frágiles cincuenta y los rugientes sesenta, se basa para su ensayo en fuentes reservadas no especificadas, que proceden, en particular, de la Alemania del Este.

En julio de 1959, tal como hemos dicho, se encontró en la playa de Fécamp, en Normandía, la botella con el mensaje de Crabb, o al menos se creía que lo era, en el que el hombre rana decía haber sido capturado por los soviéticos y que se encontraba a bordo del crucero ruso. En otoño del mismo año, cayó en manos de Hutton «una especie de dosier secreto soviético que, tras haber sido substraído y llevado al otro lado del Telón de Acero, llegó a Inglaterra de forma totalmente fortuita». En aquel período, como contará Hutton, trabajaba en el semanario *Empire News*, donde «podía proporcionar muy a menudo noticias importantes que recibía de informadores personales residentes en la URSS y en los países satélites».

El dosier que acaba en manos de Hutton se titula *El caso del comandante Crabb* y recoge, según el sovietólogo, una serie de informes originales, empezando por el del comandante del crucero Ordzhonikidze, el capitán G. F. Stiepanov, quien explica todo lo que le había ocurrido a Crabb antes y después de su desaparición el 19 de abril de 1956. El documento forma parte de una serie de dosieres confidenciales traducidos a los distintos idiomas de los países del bloque soviético —búlgaro, checo, húngaro, alemán, polaco y rumano— y enviados a las fuerzas policiales de esos mismos países para ser utilizados como manuales de investigación y técnica de indagación; pero, sobre todo, de comportamiento con los reclusos reacios a la disciplina, sin recurrir a la violencia ni al «uso de drogas ni cosas similares». La versión que obra en poder de Hutton está en alemán y procede directamente de Berlín Oriental. Según ese rico dosier, en realidad las cosas sucedieron, en resumen, del modo que narraremos a continuación.

Detrás de la desaparición de Crabb, afirma Hutton, hay una verdadera conspiración urdida por los soviéticos. Su captura no habría sido casual, sino el resultado de una trampa tendida por los servicios de

Moscú para deshacerse del peligroso hombre rana que había ido a espiar el vientre del crucero Sverdlov. Matthew Smith, el agente de enlace del MI6, era en realidad un agente doble que trabaja para el KGB, y fue encargado de convencer a Crabb para que llevara a cabo la misión en Portsmouth por un tal Mister X —como lo define Hutton—, que a su vez estaba directamente relacionado con Kim Philby, uno de los Cinco de Cambridge.

Y aquí hace falta abrir un pequeño paréntesis para comprender mejor el clima de los vastos laberintos del espionaje operativos en aquellos años. Los Cinco de Cambridge eran cinco agentes secretos dobles que, desde los años treinta y hasta mucho después de la Segunda Guerra Mundial, transmitieron información de los servicios secretos británicos a la Unión Soviética. Eran Kim Phliby (nombre en clave Stanley), Guy Burgess (Hicks), Donald Duart Maclean (Homer), Anthony Blunt (Johnson) y John Cairncross (Liszt). Hijos de familias bienestantes, casi todos homosexuales en un país donde la homosexualidad era todavía un delito, todos alcoholizados, primero estudiantes modelo en la Universidad de Cambridge y luego brillantes intelectuales. Los cinco formaron parte activa de aquel elitista movimiento libertario que floreció en Gran Bretaña después de la Gran Guerra que se oponía a una sociedad capitalista rígida y esnob, y que tenía como maestros a filósofos como George Edward Moore y Bertrand Russell, el economista John Maynard Keynes, el matemático Godfrey Harold Hardy y otros librepensadores.

Kim Philby —el único heterosexual de los cinco—, Anthony Blunt y Donald Maclean fueron los primeros en abrazar la ideología comunista sin dudarlo. Philby hizo más: se mudó a Viena en 1933, se casó con la agente secreta del KGB Alice (Litzi) Friedmann, y él mismo ingresó también en el servicio secreto soviético. Durante la Segunda Guerra Mundial, Philby, que trabajaba como periodista, sirviéndose de una intrincada red de relaciones, regresó a Gran Bretaña y se alistó en el MI6. A partir de ese momento, su carrera como espía doble fue imparable, hasta llegar a convertirse, en 1944, en el jefe de la sección del MI5, cuya tarea era precisamente la de vigilar las actividades de espionaje de los rusos. Una auténtica obra maestra de dobles traiciones en la historia del espionaje mundial.

Sería largo enumerar todas las complejas y sorprendentes aventuras de Philby y los otros cuatro agentes dobles, aventuras que han inspirado muchas películas, novelas, espectáculos de teatro y series de televisión. Digamos que, a mediados de los años cincuenta, los Cinco de Cambridge fueron finalmente descubiertos y huyeron a Moscú; allí, tras pasar algunas vicisitudes, entraron a formar parte de los organigramas del aparato ruso. Philby, en particular, será considerado un verdadero héroe de la Unión Soviética y, tras su muerte en 1988, se le hará un funeral solemne. En 1990 incluso se emitió en Rusia un sello conmemorativo en su honor.

Según el dosier recibido por Hutton, en la primavera de 1956, había sido el propio Kim Philby quien movió los hilos para tenderle una trampa a Lionel Crabb. A través de su amigo Mister X, que, si se hacen las cuentas en base a lo que refiere Hutton en sus libros, tal vez podría haber sido Anthony Blunt, Philby entra en contacto con Matthew Smith, «considerado —escribe Hutton— agente del servicio de espionaje americano, pero que en el cuartel general de los servicios secretos moscovita tenía fama de ser un importante exponente del doble juego».

Por tanto, cuando Smith recluta a Crabb para espiar el crucero soviético, en realidad lo está atrayendo a una trampa. Y, cuando la mañana del 19 de abril de 1956 Crabb sale del Sallyport y llega al muelle de la escuela naval de Vernon para sumergirse con la excusa de que se trataba de una inocua ejercitación, Smith —que lo seguía a distancia— alerta al agente soviético de enlace «con una señal secreta». Este, a su vez, envía un mensaje de radio de onda corta al comandante del Ordzhonikidze.

Así pues, cuando Crabb se sumerge bajo el agua hasta llegar a los barcos amarrados, lo esperan los buzos soviéticos que lo atrapan y lo suben a bordo, mientras el contralmirante Kotov llama a su colega británico Burnett y le pregunta, con descaro, por qué hay un buzo en torno a sus naves.

Mientras tanto, Smith, informado del éxito de la captura, regresa al hotel Sallyport, recupera los efectos personales de Crabb, paga la cuenta y desaparece. Hutton cuenta que Matthew Smith abandonó posteriormente Gran Bretaña y se refugió en la Unión Soviética, donde «contrajo una grave enfermedad y murió lentamente».

En cuanto a Crabb, el expediente entregado a Joseph Bernard Hutton, con riqueza de particulares, hechos, nombres y apellidos, explica lo que le ocurrió posteriormente. Relegado a la enfermería del crucero soviético, Crabb es interrogado por el contraalmirante Kotov, el comisario político Vosensky y los agentes del KGB Shcherkin y Dmitriev. Pero él se niega a responder a las preguntas, se resiste. La presión sobre Crabb continúa más tarde cuando, durante el viaje de regreso a la Unión Soviética, abandona el barco en helicóptero y es llevado a la tristemente célebre prisión de Lefortovo en Moscú.

La historia es larga. La explica con detalle el informe que Hutton reproduce en sus libros, pero trataré de abreviar: entre presiones, amenazas y halagos, al final, Lionel Crabb acepta colaborar con los soviéticos y enrolarse en la Marina militar rusa como experto incursor subacuático. Pasará por un período de «rehabilitación», actuará siempre bajo estrecha vigilancia, será remunerado y tendrá todos los beneficios y reconocimientos de que goza un oficial de la Armada Roja, y nunca se verá obligado a actuar contra la Corona británica. Luego, pasados diez años, podrá, si lo desea, regresar a Gran Bretaña. Mientras tanto, tendrá que adoptar una nueva identidad: a partir de ahora Lionel Crabb se convertirá en Lev Lvovich Korablov.

Mientras tanto, también según la versión de Hutton, para apoyar la posición oficial del gobierno británico, que hablaba de un accidente durante una inmersión no autorizada, los servicios soviéticos tomaron un cadáver de la estatura y características físicas de Crabb, le cortaron la cabeza y las manos, le pusieron la escafandra y la ropa interior de Crabb, lo mantuvieron en remojo durante un año y, en junio de 1957, llevaron el cadáver-fantoche con un submarino a las costas de Gran Bretaña, no lejos de Portsmouth. Allí lo encomendaron a las corrientes hasta que el pescador John Randall lo encontró.

La versión de Hutton pronto dio la vuelta al mundo, y el propio Hutton, a partir del dosier, trabajó duro para hallar otras pruebas que sustentaran la tesis del secuestro por parte de los soviéticos, involucrando tanto a Patricia Rose como a otros familiares, amigos, conocidos y antiguos compañeros de Crabb. En sus libros, artículos y entrevistas posteriores, Hutton va añadiendo cada vez nuevos detalles para demostrar que Crabb sigue vivo y al servicio de los soviéticos. En el invierno de 1960, aparecen titulares como «Crabb está vivo», «Crabb trabaja para Rusia», «El nuevo misterio de Buster Crabb» en periódicos británicos, estadounidenses y de otros países. Hutton publica el libro *Frogman Extraordinary*, que reproduce palabra por palabra el supuesto dosier. El libro se difunde, se traduce a otras lenguas e inmediatamente ingresa en las colecciones más populares dedicadas a historias de espías. Pero no tiene ningún efecto a nivel de las investigaciones oficiales. En los círculos gubernamentales consideran que el expediente es completamente falso —un *fake,* como diríamos hoy—, y no mueven ni un dedo, mientras una buena parte de la prensa y colegas periodistas se burlan de Hutton por considerarlo un ingenuo.

Hutton está decepcionado, esperaba un escándalo político internacional. Pero no se rinde y continúa presionando a sus fuentes del otro lado del telón. En mayo de 1960, cuando apareció en los escaparates de las librerías la primera edición de *Frogman Extraordinary*, las fuentes anticomunistas enviaron al periodista y escritor una fotografía en la que aparecía Lev Lvovich Korablov; es decir, la versión rusa de Lionel Crabb. He aquí la prueba definitiva, afirma Hutton, que hace alarde de la fotografía por todas partes ante los periodistas y las cámaras.

Descargué esa imagen de internet y la puse en mi escritorio para escrutarla lo máximo posible. En la fotografía en blanco y negro, bastante borrosa, se puede ver a tres marineros soviéticos, me imagino a tres oficiales, evidentemente a bordo de un barco, vestidos con uniformes y gorros de piel. De los tres, dos están en primer plano, uno tomado de frente y el otro, a su izquierda, de perfil. Los dos sonríen como comentando un chiste. En cambio, el tercero, detrás de ellos, al fondo, tiene una mirada ceñuda. Crabb debería ser el que está en primer plano, tomado de frente. Tiene la cabeza baja, y la mirada también, como si estuviera observando algo que está debajo de él. Pestañas espesas, rostro afilado, sonrisa cautivadora. Para Hutton no hay ninguna duda, ese es Lionel Crabb. Lo reconocen también Margaret Elaine Crabb, la exesposa del hombre rana, y otros amigos y parientes entrevistados por Hutton. Otros, sin embargo, dicen que de ninguna manera puede ser él.

He observado la foto durante mucho tiempo, comparándola con otras imágenes de Lionel Crabb tomadas de libros, artículos y sitios web. Y sí, de hecho puede haber un ligero parecido, pero la verdad es que, por la pose, por la calidad de la imagen y la expresión, aquel tipo podría ser cualquiera.

Hutton hará todo lo posible para validar la veracidad de la fotografía, llegando incluso a identificar en el hombre de la izquierda del presunto Crabb a otro oficial de la Armada británica que desapareció misteriosamente el 10 de abril de 1956 a bordo del barco de la Flota Real Auxiliar, Wave Commander, el tercer oficial William Russell Smith. Smith —según Hutton— se habría arrojado al mar porque se vio envuelto a pesar suyo en un peligroso y complejo entramado de espionaje con la Unión Soviética. Lo cierto es que Smith se había arrojado al mar desde la nave dejando todas sus cosas en la cabina porque estaba agobiado por una serie de problemas personales, pero la fotografía difundida por Hutton había vuelto a poner de actualidad, por breve tiempo e inútilmente, también su caso.

Por algunos años la historia de Crabb continuará dividiendo aún a quienes apoyan la tesis conspirativa propugnada por Hutton y quienes creen, en cambio, la oficial del gobierno británico y, por lo tanto, también de Moscú, que habla de un imprevisto, embarazoso y torpe accidente.

Entre estos últimos se encuentra el biógrafo más cercano a Crabb, Marshall Pugh. Periodista y escritor de aspecto agradable, chaqueta de *tweed* e inevitable pipa, siempre rodeado de bellas mujeres, Marshall Pugh pasó un par de años recogiendo del viejo hombre rana, antes de su desaparición, durante largos y alcohólicos encuentros en el pub, sus confidencias, recuerdos, debilidades, mentiras y verdades para escribir su biografía. Es el libro del que hablaba Patricia Rose, con la esperanza de ganar algo de dinero con él. El libro se publicó en 1956, inmediatamente después de la misteriosa desaparición de Lionel, con el título de *Comandante Crabb*. Para Pugh, que lo conocía bien, pero no sabía nada de su última misión, había pocas dudas: Crabb estaba muerto.

El libro aún no estaba terminado cuando Crabb desaparece en el mar y, para aprovechar el revuelo mediático, Pugh dirige apresuradamente su propia investigación personal, analizando los hechos y escuchando a los testigos, tal como hará Hutton. Sin embargo, él llega a la conclusión de que Crabb murió accidentalmente mientras intentaba fotografiar las quillas y las hélices del Ordzhonikidze con una cámara suministrada no por el MI6, sino por los servicios secretos estadounidenses: «Probablemente —concluye en su libro Marshall Pugh—, nunca sabremos cómo murió el comandante, pero la última hipótesis sobre su misión es que haya fotografiado el casco y las hélices del crucero ruso. Crabb no tenía los conocimientos técnicos necesarios para describir, a simple vista, cómo estaba construido un casco o una hélice. Ahora bien, el agua en la que estaba amarrado el Ordzhonikidze estaba muy sucia. La Armada británica no disponía entonces de una cámara capaz de realizar trabajos en tales condiciones. En cambio, parece ser que los americanos...». Así termina el libro de Pugh.

El misterio del comandante Lionel Crabb aún no está resuelto y de vez en cuando resurge. Peter Wright, exoficial del MI5, en su autobiografía, *Spycatcher: The Candid Autobiography of a Senior Intelligence Officer* (1987), escrita junto con Paul Greengrass, abraza la hipótesis del accidente y explica que todo el lío fue causado por el MI6. En sus memorias, Wright relata que en aquellos días de abril de 1956, mientras el MI5 se ocupaba de los servicios de protección para la visita de Khrushchev, el MI6 había organizado aquella misión de inspección bajo el Ordzhonikidze. La operación se decidió debido a la continua presión ejercida por la Royal Navy, que necesitaba descubrir urgentemente las peculiaridades técnicas de los rápidos cruceros soviéticos. Y ni siquiera era la primera vez que lo intentaban. El año anterior, cuenta Wright, a los buzos de la Armada se les había encomendado, en nombre del MI6, la tarea de ir a bucear bajo el vientre del barco mientras estaba amarrado en un puerto soviético. Los hombres rana británicos habían llegado allí en un minisubmarino X-Craft, uno de los submarinos enanos estacionados en Stokes Bay. Pero la vigilancia soviética era demasiado estricta y la misión había sido cancelada.

«El segundo intento, en Portsmouth, fue un desastre», recuerda Wright. El MI6 le dio el encargo a Lionel Crabb, «que era viejo y tenía sobrepeso». Recuerda el exoficial del MI5: «John Henry, jefe de la oficina del MI6 en Londres, me dijo que el MI6 estaba organizando la operación de Crabb y yo se lo dije a Cumming (Malcolm Cumming, jefe del MI5).

Henry tenía dudas desde el principio. Se trataba de una típica operación imprudente del MI6, mal concebida y mal planificada».

En sus memorias, Wright no menciona lo que pudo haberle sucedido a Lionel Crabb. No menciona la hipótesis de su captura o asesinato por los rusos, solo habla brevemente del descubrimiento posterior del cadáver sin cabeza y sin manos atribuido a Crabb, y no dedica ni una palabra a las intrincadas teorías de conspiración planteadas veinte años antes por Joseph Bernard Hutton.

En cambio explica lo ocurrido en abril de 1956 en las oficinas del MI5 y MI6. La desaparición de Crabb había desatado el pánico en todo el Security Service. El jefe del MI6 de Londres, John Henry, había entrado corriendo en el despacho de Cumming. «Le dije que no usara a Crabb —le dijo Henry—, no se encontraba bien y acababa de tener problemas cardíacos». Organizar aquella misión había sido un gran error. Además, otro error, entre muchos, era que Crabb y su agente de apoyo del MI6, Matthew Smith, se habían registrado en Sallyport con sus propios nombres. «Va a haber jaleo», dijo Cumming, «nos van a poner en la picota». Y efectivamente fue así.

Al final de la acalorada reunión, Malcolm Cumming telefoneó al Departamento de Investigación Criminal de Portsmouth dando órdenes de ir a «limpiar» el registro de huéspedes del hotel Sallyport. Lo cual, tal como hemos visto, hizo Stanley Jack Lamport arrancando y rompiendo las páginas del registro relativas a las tres primeras semanas de abril. Mientras tanto, Matthew Smith ya se había llevado todos los efectos personales de Crabb. Después de la reunión en el despacho de Cumming, John Henry dijo que se reuniría con el primer ministro aquella noche. Pero ya era demasiado tarde para evitar el escándalo. Como había prometido Anthony Eden, se tomaron medidas disciplinarias y el primero al que cortaron la cabeza fue al propio John Henry, quien fue relevado sin contemplaciones de su cargo.

En años más recientes han surgido otras hipótesis y afirmaciones. En una entrevista de 1990, Joseph Zwerkin, exmiembro de la inteligencia naval soviética, dijo que Crabb había sido asesinado por un francotirador después de ser visto en el agua por marineros a bordo de los barcos amarrados. En 1996, en un documental de la serie *Secrets of Ward*, en el episodio titulado «The Cold War: Khrushchev's Regime», Vladimir Yefimovich Semichastny, que había sido jefe del KGB desde noviembre de 1961 hasta mayo de 1967 y primer secretario del Komsomol (Unión Ponsoviética Comunista Leninista de la Juventud) en el momento de la desaparición de Crabb, dijo que «el asunto Crabb había sido manejado con elegancia».

El 16 de noviembre de 2007, la BBC y el *Daily Mirro*r informaron del testimonio de Eduard Kolstov, un presunto exbuceador soviético, quien afirmó que él había atrapado a Crabb bajo el casco del crucero y le había cortado el cuello con su cuchillo. Un periodista ruso lo desmintió más tarde.

Podría continuar aún; pero, llegados a este punto, ya no tiene mayor interés. De vez en cuando miro en el *desktop* la foto del presunto Lev Lvovich Korablov, alias Lionel Crabb, pensando cada vez que, si el pasado de un individuo se pierde en la mentira, en la ficción, entonces ese individuo acaba existiendo solo como un personaje imaginario.

En cierto momento alguien desaparece en el mar. El mar se lo lleva. Y a partir de ese momento Lionel «Buster» Crabb, el hombre rana, bajito, extraño y un poco torpe, hambriento de vida, con su pasado, su coraje y sus debilidades, con sus amores extraños, amigos y enemigos, guerras y recuerdos, su irresistible atracción por los mundos submarinos, su naturaleza de simple ser humano, deja de ser Lionel Crabb y se convierte en el *Affare Crabb*, el Caso Crabb. Algo de lo que apropiarse para hacer de ello una historia, convertirlo en un símbolo o el condimento de otras historias. O en un chivo expiatorio, una excusa, una herramienta para fines políticos. El hombre ya no existe. Si acaso hay algún otro, tal vez un Lev Lvovich Korablov, que en realidad podría ser cualquiera.

Al final, pienso mientras abro la aplicación para ver dónde ha ido a parar mi tiburón Aletarrota, solo el mar custodia la verdad. O alguna verdad que pueda considerarse tal ante los ojos de aquella peligrosa, torpe e inescrutable actuación del hombre en el tiempo que solemos llamar Historia.

5
Las ciudades sumergidas

YIBUTI

El tiburón aparece de pronto en el agua turbia como si emergiera de una cortina de niebla. Me encuentro exactamente en la trayectoria de su enorme boca abierta de par en par. Debe de tener al menos seis metros de largo. Pensaba haberlo dejado a la derecha, pero en cambio ha debido de cambiar de rumbo al alejarse y ahora ha surgido de nuevo del oscuro azul y viene derecho hacia mí. Siempre que sea el mismo ejemplar que he visto hace un momento. Es más veloz de lo que imaginaba; si no se desvía él o no me desvío yo, terminaré derecho en sus fauces.

Giro hacia mi derecha sacudiendo las aletas desordenadamente. Sería mejor que fuera hacia abajo y, en lugar de eso, subo a la superficie. Él avanza inexorable, no tiene la más mínima intención de evitarme, al contrario. Por lo que yo, cobardemente, le doy la espalda, intentando emerger para alejarme de la bestia.

Lo evito por un pelo, pero siento un golpe en el trasero como un despiadado cachete. Me ha golpeado con su gran aleta caudal, un revés elegante e indiferente en las nalgas como una bofetada al presuntuoso humano que se ha interpuesto en su camino, solo para dejarme claro a quién pertenece este mar. Me siento humillado.

Es enero de 2022, estamos en las plácidas aguas del golfo de Tadjoura, en Yibuti, arrellanados sobre el Cuerno de África, y corremos tras los gigantescos e inofensivos tiburones ballena. La nueva expedición del Centro Studi Squali tiene como objetivo observar y censar los ejemplares de *Rhincodon typus* que pastan por aquí. La tarea de investigación consiste en la fotoidentificación del mayor número posible de animales, mediante un sistema interactivo de reconocimiento individual basado en un programa digital específico.

Los tiburones ballena son seres maravillosos, enormes y plácidos como las vacas; tienen un pelaje cubierto de manchas que recuerdan un cielo estrellado y el poderío de los patrones de los mares. Son los peces más grandes de todos los océanos, pueden alcanzar hasta veinte metros de longitud, más que un autobús articulado, y pueden pesar hasta dieciocho toneladas.

A pesar de su enorme tamaño y su propagación en las aguas tropicales y subtropicales, el tiburón ballena sigue siendo uno de los muchos misterios de la naturaleza, difícil de interpretar desde el punto de vista ecológico y del comportamiento. Como ocurre con muchas otras especies de tiburones, también es un mensajero del insondable tiempo profundo. Se alimenta de plancton, por lo que pasa la mayor parte del tiempo en la superficie, en la zona epipelágica;

pero, cuando se ha hartado, puede sumergirse hasta a quinientos metros de profundidad. Debido a que generalmente se agrupa cerca de la costa en diversos lugares del mundo, es una de las más importantes atracciones del ecoturismo, y los turistas pagan con gusto para darse un chapuzón entre manadas de tiburones ballena pastando. Lo cual, evidentemente, no siempre es bueno para la especie, cuyo principal enemigo sigue siendo el hombre. Las capturas accidentales o intencionadas, las colisiones con barcos y embarcaciones, el cambio climático, el turismo no regulado y la contaminación con microplásticos —una verdadera lacra para los animales que se alimentan de plancton— han provocado una drástica disminución de la población mundial, lo que llevó en 2016 a la International Union for Conservation of Nature a incluir al tiburón ballena entre las especies *Endangered*, es decir, aquellas en riesgo de extinción en un futuro no muy lejano.

El golfo de Tadjoura, donde estoy, es uno de los *hotspot* mundiales de congregación estacional de tiburones ballena, un área donde entre octubre y febrero hay un aumento de la biomasa planctónica, y los grupos de tiburones ballena vienen aquí a alimentarse. A raíz de ello, desde hace algunos años, el Centro de estudio de tiburones de Massa Marittima viene aquí, en paralelo con otro punto preferencial para el estudio de la especie, Nosy Be, en Madagascar, alternando expediciones aquí y allá para observar e identificar los ejemplares y agregarlos a una base de datos internacional.

El grupo de expedición en el que estoy incluido, una docena de voluntarios —buena parte de los cuales son alegres estudiantes del Lacio con el marcado acento de la Garbatella—[10] se aloja a bordo del barco Elegante, una goleta turca de madera de dos mástiles, que huele a aventuras exóticas y está anclada en el pequeño golfo de Ras Korali, frente a las alturas desérticas donde los ya escasos pastores llevan a pacer a sus cabras.

En esta pequeña ensenada con arrecifes de coral donde es hermoso bucear, se respiraría una paz absoluta si no fuera por los ruidos de batalla que llegan, incluidos disparos, explosiones y helicópteros en tránsito, provenientes del cercano centro de entrenamiento militar, a menos de un kilómetro de distancia. Base de la Legión Extranjera hasta hace pocos años, ahora en este trozo de playa, no lejos de donde estamos fondeados, se ha instalado el RIAOM, el quinto regimiento mixto del ejército francés. Al parecer, uno de los entretenimientos de los reclutas enviados a este yermo campamento militar frente al mar, formado por cobertizos bajos y vallas metálicas, era, hasta no hace mucho, saltar sobre los lomos de tiburones ballena. Una especie de prueba de coraje que suscitó, con razón, las protestas de los ecologistas y que ahora —tal vez— ya no se practica.

Yibuti es considerado uno de los rincones más remotos, inhóspitos y desconocidos del planeta. Lo intuí nada más bajar del avión en el aeropuerto de módulos prefabricados, donde el procedimiento

10 La Garbatella es un barrio popular de Roma. [N. de la T.]

para hacer el tampón anti-covid-19 de los pasajeros, imprescindible para obtener la autorización del Ministerio de Sanidad, era demasiado rápido, caro y esencialmente inútil. Incluso los trámites aduaneros de pago de los derechos de aduana por los equipos, incluido un dron empaquetado, siguieron los caminos enrevesados de una burocracia que parecía incapaz de darse una función a sí misma, como ocurre en muchos países de destino liminar, lugares de frontera que parecen suspendidos sobre un destino incierto.

Porque en esta tierra de cómic de Hugo Pratt, apta para traficantes y aventureros, república independiente de Francia solo desde 1977, todo parece posible. Mientras atravesábamos en taxi las calles polvorientas de la capital para llegar al puerto y embarcar en el Elegante, nuestro barco, desfilaban ante nuestros ojos la pobreza y la riqueza, edificios en ruinas y tiendas relucientes de productos de alta tecnología; mendigos tendidos en los bordes de las calles entre perros callejeros y hombres de negocios trajeados; viejos centros comerciales chinos abandonados y coches de lujo.

Estos veintitrés mil kilómetros cuadrados de ardiente desierto son uno de los puntos estratégicos más delicados del planeta, teniendo en cuenta su proximidad a la península arábiga y ese minúsculo corredor de agua que los separa del mar Rojo y, por tanto, del canal de Suez. Aguas difíciles que, en caso de conflicto, bastarían para cerrar el tráfico internacional poniendo de rodillas a las economías occidentales. Por eso, una serie de acrobacias diplomáticas y mucho dinero para los bolsillos de esta república africana han traído hasta aquí bases y muelles de desembarque de los ejércitos de todo el mundo. Los estadounidenses han destinado a Yibuti a más de cuatro mil hombres, acuartelados en la base Camp Lemonnier, junto al aeropuerto, donde tiene su sede el mando de todas las fuerzas militares estadounidenses desplegadas en África. Les siguen los franceses, con cinco mil soldados, históricamente establecidos desde los tiempos de la Legión Extranjera, cuyos viejos y fascinantes *chepì* aún se pueden encontrar en las destartaladas tiendas de *souvenirs* de la capital. Los japoneses también tienen una base militar en Yibuti. Luego están los chinos, que llegaron aquí en 2017, pagando miles de millones de dólares en préstamos, donaciones, ayuda humanitaria e inversiones más o menos exitosas para colocar una base militar pegada al puerto comercial, cuyo espejo de agua está plagado de restos de barcos semihundidos y abandonados.

Como vimos cuando llegamos, este es uno de los pocos lugares donde los buques de guerra estadounidenses y chinos están amarrados uno al costado del otro, con drones revoloteando aquí y allá para vigilarse unos a otros.

También hay una base militar italiana, con un destacamento de *carabinieri*, que lleva el nombre de Amedeo Guillet (1909-2010). Amedeo Guillet, conocido como el Comandante Diablo y también con el seudónimo de Ahmed Abdallah Al Readi, oficial, guerrillero, diplomático y agente secreto, es considerado el Lawrence de Arabia italiano. Jinete extremadamente hábil, fue él quien, durante la Segunda Guerra Mundial, dirigió la última carga de caballería en África contra las tropas blindadas inglesas. Y fue él quien lideró una guerra privada contra los británicos con sus tropas indígenas, antes de regresar de manera rocambolesca a Italia y convertirse en agente del SIM, el primer Servicio de Información Militar de la nueva Italia republicana.

En fin, hay bastante para entretenerse con un rico imaginario en este rincón del Cuerno de África tan poco frecuentado por el turismo; una tierra fascinante y peligrosa donde la Naturaleza y la Historia van de la mano, como a mí me gusta. Durante todo el tiempo de la expedición me dejo arrullar por esa atmósfera inquietante y tranquilizadora al mismo tiempo. Es como estar en equilibrio sobre una línea divisoria inestable, donde la precariedad misma del equilibrio garantiza una especie de pacífica inmunidad, la tranquilizadora incertidumbre de todo lugar donde el tiempo está suspendido.

En cuanto a nuestra expedición, el equipo está dividido en dos grupos que, tres veces al día —dos por la mañana y una por la tarde—, se embarcan en dos lanchas neumáticas, conducidas por guías somalíes y yibutianos que forman parte de la tripulación de cinco hombres del caique donde nos alojamos y recorren la costa del golfo de este a oeste en busca de tiburones ballena.

Cuando identificamos uno o más ejemplares, gracias a las aletas dorsales que emergen a la superficie, nos acercamos lentamente y nos deslizamos dentro del agua en modo *snorkel.* Cada uno de nosotros está equipado con una *action-camara,* con el objetivo de filmar a los tiburones —sin molestarlos— tanto de su lado derecho como del izquierdo, intentando encuadrar la zona entre la quinta hendidura branquial y el extremo de la aleta pectoral, es decir, la sección útil para la fotoidentificación: su característica librea con manchas difiere de un ejemplar a otro, es su huella dactilar, y el programa electrónico que utilizamos es capaz de extrapolar el *pattern* y compararlo con todos los demás *patterns* presentes en la base de datos.

Dicho así, parece fácil. En el agua, entre esos gigantes del mar que ciertamente no se quedan quietos para ser fotografiados ni filmados, es un poco más complicado. Cada salida es como una especie de rodeo acuático hecho de persecuciones, inmersiones y ascensos a la lancha auxiliar, nadando frenéticamente alrededor de los grandes cuerpos de los gigantescos peces, tratando de causarles la menor molestia posible y de mantener un encuadre decente.

Por la noche, a bordo del caique, sentados en la mesa común de cubierta, después de un día de persecuciones en el agua y complicadas tomas submarinas, las imágenes se descargan en los ordenadores, seleccionando solo aquellas que son útiles para la identificación.

Durante esa semana de expedición en Yibuti no pensé en Aletarrota. El Gran Tiburón Blanco estaba muy lejos, en otros océanos y otros mares.

Afortunadamente el planeta era lo suficientemente grande como para estar seguro de poder mantener la distancia adecuada entre mi justiciero y yo. Siempre llevaba la pulsera para activar la aplicación y saber dónde estaba en cualquier momento, pero durante toda la misión en África ni siquiera pensé por un momento en activarla. Estaba trabajando con sus parientes de otra especie, los *Rhincodon typus,* tan plácidos e inofensivos, tal vez incluso un poco tontos al verlos de cerca: los gigantes buenos del mar. Así que tenía cosas mejores que hacer que pensar en las intenciones del depredador adoptado a través de una aplicación.

Mejor los tiburones ballena. Quizá no tengan la misma inteligencia cognitiva y lúdica que las ballenas, cuyo nombre llevan, pero tienen el mismo porte majestuoso, regio, expresan la misma magnificencia del mundo submarino del que forman parte.

Y son muy frágiles. Más de una vez, durante las observaciones y filmaciones en el agua, a veces persiguiendo a un solo espécimen, otras veces en medio de bancos de varios individuos, ocupados en lo que los estudiosos llaman *suction feeding,* es decir, en ingerir grandes cantidades de plancton, permaneciendo quietas en posición vertical o diagonal, noté claramente que entre el polvo planctónico aspirado por aquellas bocas confiadamente abiertas se mezclaban cantidades inquietantes de microplásticos, minúsculos filamentos de plástico perfectamente detectables a simple vista, partículas blanquecinas en suspensión como huéspedes extraños en las nubecillas fluctuantes de zooplancton. El tiburón ballena está dotado de cinco branquias filtrantes a ambos lados de la faringe, y su estómago ha sido programado por la evolución para expulsar objetos dañinos ingeridos accidentalmente. Sin embargo, al observar aquella basura absorbida por los corpachones bombeantes de los tiburones, era imposible no ver una deriva más amplia, una ofensa directa a todos nosotros, y a mí en primer lugar.

Por las noches, a bordo del Elegante, tras una jornada de trabajo en el mar persiguiendo a los gigantes maculados, en mi pequeño camarote similar al de un velero del siglo XIX, tumbado en la litera, tomaba notas a la tenue luz de la lámpara, escribiendo a mano en un cuaderno con tapas de cuero. Imitando a los antiguos exploradores, medité en el tiempo profundo, uno de mis pasatiempos favoritos. Tras un mes, Rusia invadiría Ucrania dando una patada al mundo, pero yo no podía saberlo todavía. En cambio, sabía que, cuando el geólogo James Hutton publicó su *Teoría de la Tierra* en 1785, siendo el primero en demostrar que nuestro planeta era increíblemente antiguo, allanó el camino para Clair Patterson —quien en 1956 también le daría una edad: 4600 millones de años —; sabía que más o menos desde entonces nos hemos visto obligados como raza a reconsiderar nuestras relaciones con el planeta. Y con el mar. Reflexionando sobre la fragilidad de aquellas bestias con las que me entretenía en rodeos acuáticos al servicio de la ciencia, yendo de pensamiento en pensamiento, quién sabe por qué, anoté en mi libreta el nombre de Hans Hass, uno de los primeros exploradores submarinos del mundo que fotografió a aquellos tiburones ballena.

Una muchacha en el fondo del mar

Hans Hass, nacido en Viena en 1919 y fallecido allí en 2013, fue uno de los pioneros de la fotografía submarina moderna, un acreditado divulgador y uno de los primeros defensores acérrimos del hábitat submarino.

En realidad, además de sus libros comprados en puestos de objetos de segunda mano cuando era niño, de él recuerdo las imágenes en las que fijaba mi atención cuando era adolescente; sobre todo las de su segunda e inseparable esposa, Lotte, una de las primeras modelos subacuáticas, fallecida en 2015 a la edad de ochenta y seis años. En los años cincuenta y sesenta, Lotte Hass era el símbolo sexi del mundo submarino. Como Hans tampoco estaba nada mal, en los años posteriores a la Segunda Guerra Mundial, Hans y Lotte formaban juntos la pareja más glamurosa de los océanos. Las imágenes de los dos semidesnudos y bronceados con equipos de buceo y cámaras fotográficas han dejado huella en la imaginación de quienes, como yo, soñaban cuando eran niños con sumergirse en el mar jugando a ser Cousteau en las plácidas aguas de la costa de Trieste. Y mucho antes, en la época de sus éxitos, atrajeron el interés de los grandes cineastas, hasta tal punto que en 1951 la película *Abenteuer im Roten Meer* (*Aventuras en el mar Rojo*) recibió el Óscar a la mejor fotografía.

Algunas de las primeras fotografías submarinas donde aparecen los grandes tiburones ballena se deben a la pareja Hans y Lotte.

Corría el año 1950 cuando Hans Hass y Charlotte Hildegard Baierl, llamada cariñosamente Lotte, partieron en una expedición al mar Rojo sudanés con el objetivo de realizar un documental sobre aquellos paraísos sumergidos. Eran años llenos de fervor por la exploración submarina.

Hans Hass ya se había dado a conocer por sus expediciones en el Mediterráneo, en el Adriático y, sobre todo, en el mar Caribe, donde, en vísperas de la Segunda Guerra Mundial, se había dedicado a una larga actividad de pesca submarina en apnea y caza fotográfica en las profundidades con un casco de buzo, publicando posteriormente las historias de sus aventuras en plena guerra. «Mi mirada —escribió después de regresar apresuradamente del Caribe a la Europa en llamas— trata de escrutar en el porvenir. La guerra continúa, pero cuando la inmensa y magnífica paz abrace a todos los pueblos, entonces llegará el día en que mis grandes proyectos puedan realizarse».

Tenía razón. Después de las masacres de la Segunda Guerra Mundial, en una Europa reducida a gigantescos escombros humeantes, en la magnífica paz, la gente estaba sedienta de cosas bellas, buscaba nuevos horizontes que imaginar, nuevas maravillas que descubrir, y el mundo submarino ofrecía mucho en este sentido. Gracias a las nuevas técnicas de inmersión desarrolladas durante el conflicto por gente como Belloni, Wolk, Crabb, etcétera, y a los pioneros equipos de filmación fotocinematográfica autoconstruidos, los abismos marinos parecían ahora al alcance de todos. Jacques-Yves Cousteau, Folco Quilici, Luigi Ferraro, Raimondo Bucher, Alessandro Olschki y muchos otros abren de par en par las puertas del reino de Neptuno al gran público. Y editores y productores cinematográficos aguzan el oído, y están dispuestos, aunque con cautela, a invertir algo de dinero en esas actividades fascinantes y excéntricas.

En los albores de los años cincuenta, y en vísperas de la expedición al mar Rojo sudanés, Lotte es una joven rubia de veinte años, muy atractiva, apasionada del buceo y con cierta experiencia en fotografía submarina. Por pura casualidad acaba en el *entourage* de Hans Hass, ya entonces famoso explorador de los mares. Estaba disfrutando del sol en la piscina de su preciosa casa de Viena cuando una amiga le dijo que el famoso Hans Hass buscaba una secretaria. Lotte no conocía personalmente a Hans; pero, para ella, como para otros jóvenes aficionados al mar, él era un ídolo. Al principio, sin embargo, la chica está indecisa, no tiene intención de encerrarse en una oficina escribiendo a máquina, quiere ir a la universidad y continuar sus estudios. Pero luego cede, acepta encontrarse con su héroe y pronto entra al servicio de Hass, que está preparando la expedición al mar Rojo destinada a hacerlo aún más famoso.

Al menos al principio la relación de trabajo entre los dos es poco más que cordial, y Lotte cumple diligentemente lo que tiene que hacer como secretaria: escribe a máquina, contesta el teléfono, concierta citas, se ocupa de la correspondencia... No se habla siquiera de que pueda participar en las fases operativas de la expedición: la acción en el agua está reservada a los hombres.

Ella en eso no está de acuerdo: se tiene que reprimir a la fuerza. Le gustaría mucho entrar en acción, sumergirse en el mar, compartir aventuras con Hans, pero se aguanta y se adapta a la voluntad de su jefe. Hasta que un día, durante la búsqueda de financiación para la empresa y la realización de una futura película, que era el verdadero objetivo de la expedición, algo cambia. En la fase de planificación de aquella empresa, recuerda Lotte, «lo que necesitábamos, sobre todo, eran los contratos con las casas de distribución cinematográficas».

Hans y Lotte llamaron entonces a la puerta de Sascha Film, la productora austriaca más importante en la época del cine mudo y del primer cine sonoro que, bajo el nazismo, se había convertido en Wien-Film GmbH, y que ahora de nuevo, tras la guerra, salía a la pista recuperando el nombre original que le había dado en 1910 su fundador, el conde Alexander Kolowrat-Krakowsky, conocido familiarmente como Sascha.

El director de Sascha, a quien Lotte llama Herr Schuchmann, se muestra escéptico ante el proyecto de Hans de realizar un documental sobre las maravillas del mar Rojo. Los corales y los peces de colores son hermosos, por supuesto, les dice, pero esas cosas no salen en los programas nocturnos, como máximo solo están bien para una sesión matinal. El público quiere acción, explica el señor Schuchmann, y para las películas culturales el mercado es muy limitado. Hans Hass insiste haciendo hincapié en las maravillas desconocidas del mar Rojo: «Pero esta película también será una película de acción —le replica—, sabemos por los lugareños que en el arrecife viven animales gigantes con cuernos, y nosotros iremos a buscarlos. Mostraremos ese mundo submarino que nadie ha filmado nunca antes y, tras algunos "imprevistos", encontraremos a los animales gigantes: las mantarrayas. Usted ya ha visto en mis fotos lo inquietantes que son. Y las hay aún más grandes. Yo ya puedo ver claramente la película y el guion ante mí. Y en cuanto a acción y suspense, le aseguro que no va a faltar nada».

Schuchmann, sin embargo, menea la cabeza: «Mantas por aquí, mantas por allá...». Luego mira a la rubia Lotte, que hasta entonces había permanecido en silencio como si estuviera concentrada en una visión. «Lo que el público quiere ver —afirma— es más bien una mujer bella. ¿Por qué no llevas a tu *fräulein* Baierl contigo? Le daría a la película un encanto completamente diverso».

Hass se queda de piedra. ¿Una mujer en una expedición? Nunca se vio. Es imposible. Trae mala suerte. Crea agitación. Mete en peligro la cohesión del grupo. Tiene sus propias exigencias. Y sería un participante más y, por tanto, implicaría mayores costes. Queda descartado, no puede ser.

Pero el productor insiste y, al final, Hass se ve obligado a ceder. Así que Lotte partirá también hacia el mar Rojo. Eso sí, con la única misión de actuar como modelo durante el rodaje, en la superficie y debajo del mar, una sirenita de largo cabello rubio flotando en el agua o buceando estrictamente en apnea. Ni hablar siquiera de dejarle utilizar también a ella los aparatos de respiración autónomos.

Pero no irán así las cosas. Durante la expedición Lotte tendrá un papel decisivo en la realización de la película. Compartirá el calor sofocante del desierto con Hans y los demás miembros del grupo; se adentrará en el agua con aparatos respiratorios de oxígeno de circuito cerrado; se encontrará con mantarrayas, tiburones ballena y de arrecife; se deslizará entre restos de naufragios y en los barrancos del fondo marino; aprenderá a arponear grandes peces y a simular ser atacada por tiburones tigre.

Al final de la expedición y del rodaje, una noche, durante la cena en el hotel Sheppards de Port Sudán, bronceados y ya recuperados tras las semanas pasadas en el mar, Hans y Lotte, la cual había acudido a una peluquería para la ocasión y lucía un elegante vestido de noche, bailan y disfrutan de una cena a base de carne asada y arroz con pasas; todo ello acompañado de un vino tinto francés. Todavía no se tutean. Al final de la cena, Hans enciende un cigarrillo y, sin más preámbulos, le pregunta a Lotte: «¿Querría casarse conmigo?».

A partir de aquel momento, los dos no se separarán ya nunca. La película resultante de la expedición, *Aventuras en el mar Rojo*, será un éxito rotundo y Lotte será la verdadera protagonista de todos los demás largometrajes y documentales rodados por

Hans Hass, más de setenta en una larga carrera como director, biólogo y documentalista que lo verán en escena prácticamente hasta su muerte en 2013.

Lotte siempre estará al lado de Hans, incluso cuando el explorador austriaco dé un giro en su trabajo en la década de 1970. La apertura de los horizontes del mundo submarino al público en general con una avalancha de películas y libros había tenido el efecto secundario imprevisto de la expansión del turismo de masas. Y de la pesca submarina. Hermoso, sí, pero el mar ahora está en peligro; y lo que hoy llamaríamos conciencia ambientalista comienza a abrirse camino en paralelo a la agresión contra el propio mar.

En 1971, Hans Hass publica su primer manifiesto en el que se declara abiertamente en contra de la caza submarina. También en 1971 se convierte en miembro de la Vereinigung zur Bekämpfung von Mechanischen Unterwasserwaffen (VBMU), la asociación para la lucha contra las armas mecánicas submarinas, cuyo objetivo era convencer a los buceadores deportivos de que sustituyeran el rifle por la cámara fotográfica.

Entre 1972 y 1973, Hans Hass publica dos libros más en los que expone sus ideas con toda claridad: se trata de poner la investigación científica y la tecnología al servicio de la divulgación y de la tutela global del mar. Lo cual, por otra parte, es una de las razones por las que, después de más de cuarenta años, me encuentro a bordo del Elegante tomando apuntes al final de una jornada en que he estado nadando con los tiburones ballena.

Pero, en aquellos efervescentes años setenta, Hass hizo algo más, embocando la vía de la permanencia del hombre bajo el agua. En 1973, abrió una escuela de biología submarina en el Hotel La Parra, un ecomonstruo en forma de rascacielos, de cuatro estrellas, con vistas al Mediterráneo, cerca de Almería, dotado de un centro de buceo con una torre submarina de diez metros proyectada por el financiero alemán Jürgen Amann. El centro fue inaugurado en 1974 y el primer biólogo que enseñó en aquella escuela fue Werner Katzmann, fiel colaborador de Hass, el cual tenía planes ambiciosos: su idea era crear un auténtico hotel submarino; mejor dicho, una casa submarina a diez metros de profundidad, cuyo proyecto estaba desarrollando junto con el arquitecto Karl Schwanzer, uno de los grandes arquitectos estrella de la posguerra que se hizo famoso por la futurista sede de la BMW en Múnich, una torre deslumbrante construida en tan solo veintiséis meses, entre 1970 y 1972.

Según el proyecto elegido por Hass, el hotel sumergido solo debía ser accesible desde el mar. Tenía capacidad para doce buceadores y en sus inmediaciones estaban previstas toda una serie de estructuras artificiales para el goce de los turistas buceadores, para la investigación y para los experimentos. Pero al final no se hizo nada. La actividad del centro de buceo anexo, ya operativo, duró poco menos de un año. La Marina militar española retiró de repente los permisos, con la excusa de que «las actividades de biología marina ponían en discusión la capacidad de defensa de las costas españolas». Y la futurista ciudadela submarina proyectada por Hans Hass nunca se construirá.

En realidad, ya seis años antes alguien, en Italia, había diseñado y construido algo parecido, una especie de ciudadela sumergida donde doce exploradores subacuáticos vivieron durante un mes bajo el agua, participando en un experimento que entonces se denominó operación Atlántida.

Once hombres (y otra mujer) en el fondo

El agua del lago de Cavazzo está helada, pero extrañamente límpida. El Side Scan Sonar de Nino Caressa ha detectado el cilindro metálico a pocos metros de profundidad cerca de la orilla occidental, donde un bosquecillo cubre lo que hace medio siglo fue uno de los atraques de la operación Atlántida.

Es otoño de 2011, estoy efectuando las primeras investigaciones y las primeras inspecciones para lo que dentro de unos años será un documental dirigido por Diego Cenetiempo. Y me acabo de sumergir con un traje hermético de buceo en las frías aguas del lago para ver si es cierto lo que nos dijo Renato De Piero, uno de los viejos acuanautas[11] que participaron en el experimento, de que lo único que queda de la ciudadela sumergida es uno de los módulos de

11 *Acuanauta,* el que permanece bajo el agua en un estado conocido como saturación. Por lo general, se realiza en un hábitat submarino durante un período igual o mayor a 24 horas continuas sin regresar a la superficie. El término *acuanauta* deriva de la palabra latina *aqua* (agua) más el griego *nautes* (navegante), por analogía con *astronauta.* [N. de la T.]

lastre, un cilindro de ocho metros de largo, lleno de hormigón y arena, muy similar a los módulos destinados a vivienda.

Nino ha montado el detector Side Scan Sonar en un bote de remos tomado en préstamo de la sede de la cercana asociación deportiva Nautilago, que se encuentra más o menos donde estaba la base terrestre de la operación Atlántida hace cincuenta años, y con él sondeamos el lago cerca de la orilla, hasta que aparece una forma cilíndrica en la pantalla verde del sonar.

Me sumerjo en el agua desde la orilla siguiendo las instrucciones de Nino, que está acurrucado en la barca, no muy lejos, con la vista fija en la pantalla del radar submarino. Y, de pronto, lo encuentro delante de mi máscara: ahí está el módulo de lastre, recostado en el fondo inclinado, todavía envuelto en la gran cuerda que se rompió mientras intentaban recuperarlo cuando todo había terminado e incluso cuando había finalizado también la segunda fase de la operación Atlántida, llevada a cabo en 1969 y 1970. Los tres módulos habitables, hábitats cilíndricos provistos de literas, que habían albergado a los exploradores subacuáticos, y los módulos de lastre de lo que había sido uno de los primeros experimentos de asentamiento humano múltiple submarino, ya se habían sacado del agua para ser finalmente desmantelados.

Pero el último elemento del lastre, que pesaba más de ciento cincuenta quintales, se negó a volver a la superficie y se rompieron las cuerdas conectadas a la grúa que lo arrastraba desde el fondo del lago hasta la orilla. Se decidió dejarlo así, y el gran cilindro se quedó bajo el agua, donde lo veo ahora, casi cincuenta años después, cubierto por una fina capa de algas, como una especie de enorme tanque de una nave espacial caída del cielo y olvidada en el fondo del lago.

El lago de Cavazzo es la cuenca lacustre natural más grande de la región italiana del Friul-Venecia Julia. Tiene poco más de dos kilómetros de largo, entre cuatrocientos y ochocientos metros de ancho, y una profundidad media de doce metros, cuarenta en su punto más profundo. Sus orillas bañan los municipios de Cavazzo Carnico, Bordano y Trasaghis; y en el extremo norte funciona la central hidroeléctrica de Somplago, que, cuando bombea en el lago las aguas de la presa artificial de Ambiesta, hace que la visibilidad bajo el agua sea igual a cero.

Vista desde arriba, la cuenca lacustre evoca un paisaje nórdico. Las oscuras y plácidas aguas del lago bañan las laderas boscosas de las estribaciones de los montes San Simeone, Festa y Naruvin, en las faldas de los Alpes Cárnicos. Parece una tierra fronteriza. Y efectivamente lo es.

Cuando en 1969 a Luciano Mecarozzi, entonces director de la Sección de Investigación Experimental Subacuática del Centro Italiano Soccorso Grotte, se le ocurrió construir una ciudadela sumergida en las aguas de aquel lago subalpino, Italia estaba sacudida de un extremo a otro por corrientes contrapuestas, en vilo entre revolución, contrarrevolución, terrorismo, vientos de guerra civil y tensiones de todo tipo. Y la región más nororiental del país, fronteriza con la Yugoslavia del mariscal Tito, antecámara del socialismo mundial, era un territorio armado con cientos de miles de efectivos de los distintos cuerpos del Ejército desplegados a lo largo de todo el arco fronterizo, unidades protegidas por una línea de retaguardia fortificada con búnkeres subterráneos que iban desde la frontera con Austria hasta el Karts[12] de Gorizia. Una auténtica Línea Maginot construida apresuradamente después de la guerra, para hacer frente con los reclutas de la llamada Fanteria d'Arresto (Tropas de contención) a una posible invasión de los comunistas que descendieran desde la Europa del Este.

El año 1969 fue importante. Yo tenía entonces solo ocho años, pero estoy seguro de que todos aquellos fermentos están grabados en mi ADN, o lo que sea, con la fuerza de una marca indeleble. Si el hombre era capaz de aterrizar en la luna, si toda revolución era posible, entonces cada uno de nosotros podía aspirar a nuevos mundos, incluso a los submarinos.

Los primeros asentamientos submarinos fijos, las primeras casas sumergidas diseñadas para permitir al hombre habitar en el fondo marino con alguna posibilidad de funcionar durante un tiempo más o menos largo, aparecieron después de la Segunda

12 El Karts (Carso en italiano) es una región con una meseta fronteriza de formación caliza que se extiende desde el sudoeste de Eslovenia hasta el noroeste de Italia, entre el valle del Vipava y el golfo de Trieste. [N. de la T.]

Guerra Mundial. Estamos en los años cincuenta. Cuatro voluntarios soviéticos se encierran en el interior de la cisterna de un vagón de ferrocarril para el transporte de líquidos adaptada para permanecer bajo el agua y dotada de una portilla, que es sumergida a quince metros de profundidad y a ciento cincuenta metros de la orilla, y permanecen allí durante algunos días.

Pero el primer asentamiento submarino fijo, destinado a acabar bajo los reflectores del mundo, fue creado seis años antes de la operación Atlántida por aquel genio controvertido y único de los continentes sumergidos que fue Jacques-Yves Cousteau.

En junio de 1963, la aldea submarina denominada Précontinent II (Conshelf Two), en las aguas de Sha'ab Rumi, en Port Sudan, ya superaba toda imaginación. Los edificios sumergidos, si podemos llamarlos así, eran tres: el «erizo de mar», una especie de garaje para albergar el pequeño batiscafo con forma de platillo volante Denise, uno de los logros de la empresa Cousteau. Luego, la casa madre, llamada Starfish House («estrella de mar»), semejante a una base lunar, de diez metros de profundidad, apoyada sobre una meseta ligeramente inclinada. Y, por último, una pequeña casa cilíndrica suspendida a menos de veinticinco metros sobre un oscuro abismo de noventa de profundidad. Además de una serie de sistemas y equipos auxiliares, como jaulas antitiburones y almacén de materiales, también a menos diez metros de profundidad. Todo funcionando con la asistencia desde la superficie de los barcos Calypso y Rosaldo.

En la Starfish House, los exploradores del equipo de Cousteau vivieron durante un mes, y en el módulo más pequeño, a menos veinticinco, permanecieron una semana. El grupo estaba formado por Pierre Guilbert, Claude Wesly, Albert Falco, Pierre Vannoni, André Portelatine y Raymond Kientzy. Los habitantes de la «estrella de mar» y los de la pequeña casa estaban conectados a través de un teléfono autónomo e intercambiaban noticias e información sobre la vida submarina. El garaje estaba equipado con material eléctrico para recargar las baterías del batiscafo Denise, que exploraba las aguas hasta los trescientos metros de profundidad. En el almacén de materiales también estaban aparcados algunos pequeños *scooters* aptos para desplazamientos cortos y rápidos. Si a todo ello sumamos los trajes plateados diseñados por Cousteau, el experimento Précontinent II en su conjunto daba cuerpo y sustancia al término *ciencia ficción,* no solo al hacer realidad los sueños submarinos de visionarios como Monturiol y Verne, sino demostrando que el futuro estaba ya aquí, que el futuro éramos nosotros, y que un universo tan fascinante como el del espacio estaba a nuestro alcance, bastaba con ir hacia abajo en vez de hacia arriba. Es más, en rigor, el fondo había sido descubierto primero, dado que ya en 1960, tal como veremos, el batiscafo Trieste de Jacques Piccard había alcanzado el punto más profundo de la tierra al descender en la oscuridad de la fosa de las Marianas, a once mil metros de profundidad, mientras que el primer hombre en volar al espacio, Yuri Gagarin, lo hizo un año después, en 1961.

Así que todo era posible en 1969, cuando a los ocho años, como todo el mundo por otra parte, vi por televisión al hombre alunizar. «Tiempos nuevos se anuncian y avanzan rápidamente como nunca antes», había dicho Aldo Moro el año anterior en un discurso pronunciado ante el Estado Mayor de la Democracia Cristiana, sin imaginar cuán fatal sería para él esa profecía diez años después.

Alguien que no soy yo sospechará que estoy idealizando aquella época, tal vez con un poco de nostalgia. Le respondo que puede ser verdad; al fin y al cabo nosotros somos nuestra historia, lo que hemos sido y lo que hemos logrado ser. Resulta obvio que asigne una porción de mi experiencia a las experiencias de vida, de aventura y de libertad que marcaron el nuevo estatus social en Europa Occidental, y por tanto también en Italia en aquella época, aunque entonces apenas fuera poco más que un niño, pero evidentemente ya predispuesto a cultivar ciertas inquietudes, encontrando en los horizontes del mundo submarino un lugar adecuado donde aplacar las turbulencias.

Una locura

Cuando entrevisté a Luciano Mecarozzi por primera vez en 2011, en la primera fase del rodaje de la película que pretendía realizar sobre la operación Atlántida, esa fue la primera impresión que me dieron las palabras de aquel hombre anciano y desconfiado, con aspecto de viejo luchador. También él, en 1969, cuando tenía treinta años, pensaba que todo era posible. También a él, como a muchos otros, le gustaba aplacar sus inquietudes buscando en el mundo submarino nuevas fronteras de la imaginación. «En el mundo —me dijo durante las entrevistas preparatorias— hay personas normales, que por la mañana van a la oficina a trabajar y por la tarde regresan a casa con su mujer; personas menos normales, que se salen incluso de la normalidad y que a menudo terminan en un hospital psiquiátrico; y luego hay personas como yo, que cuando se les pasa por la cabeza una locura hacen lo imposible por realizarla».

En las fases preparatorias de la película, no fue fácil localizar a Mecarozzi. Vivía en una casa de campo sobria y tranquila en Martignacco, una ciudad de seis mil almas en la llanura superior véneto-friulana, con su segunda esposa. Por teléfono se había mostrado desconfiado, quería saber por qué, después de tantos años, alguien estaba interesado en la operación Atlántida.

La primera fase de elaboración de la película, dirigida por Fredo Valla, fue un minucioso trabajo de investigación y de recopilación de datos. En realidad, había poco que recoger, aparte de los informes periodísticos de la época. Y la búsqueda, entre los que aún quedaban vivos de los antiguos acuanautas protagonistas de las dos fases del experimento —una veintena de personas que superaban ya los setenta años—, al principio dio resultados desalentadores. Parecía que el tiempo se hubiera tragado a aquellos muchachos que entonces, bajo la dirección de Mecarozzi, habían vivido la aventura de estar entre los primeros del mundo que habían habitado en una ciudadela sumergida. Era como si aquella inicial extravagancia los hubiera empujado hacia otros caminos alejados, como si la excepcionalidad de lo vivido pudiera entorpecer después la prosecución de una vida ordinaria.

Mecarozzi tampoco nos pudo ayudar en este sentido: después de los experimentos ya no había mantenido ningún contacto con sus equipos de acuanautas. Pero, como era justo que fuese, comenzamos a reconstruir la operación Atlántida a partir de él. Empezando por la historia de su vida.

Luciano Mecarozzi nace en Udine en 1939, y desde niño destaca por su carácter rebelde. En 1953, a la edad de catorce años, organiza una huelga en su escuela por la Trieste disputada entre Italia y Yugoslavia. Siendo adolescente, asiste al Instituto Técnico Comercial Zanon, pero no termina sus estudios: habiendo suspendido en la primera convocatoria, no volverá a presentarse al examen final de reválida. En 1956, durante la revolución de Hungría, junto con un grupo de estudiantes capitaneados por la condesa Costanza Kechler de Asarta, vieja amiga de Hemingway, viaja a Budapest para llevar comida y ropa a los insurgentes.

A principios de los años sesenta, Mecarozzi trabaja como viajante de comercio y, atraído como tantos otros jóvenes con inquietudes por todo lo que hay en las profundidades, en su tiempo libre se dedica a la espeleología. En 1965, funda el Centro Italiano Soccorso Grotte, con una sección anexa de investigación subacuática (Sezione Sperimentale Ricerche Subacquee). Explora las cuevas de Capo

Caccia en Cerdeña y la abismal gruta del manantial del Gorgazzo en el Friul, donde alcanza una profundidad de menos ochenta y siete metros. Luego, en 1969 y en 1970, acabará siendo el centro de atención con la operación Atlántida, demostrando no solo ser un hábil organizador, sino también un buen comunicador. Una vez superada la experiencia de la ciudadela sumergida, en 1975, Mecarozzi se dedica al negocio de la radio privada. Funda Radio Effe y Radio Effe International y luego compra LT1 Radio Pordenone y Canale 49.

Durante el terremoto del Friul de 1976, contribuye con sus radios a la recogida de datos y al intercambio de información esencial para las labores de socorro. También colabora intensamente durante la reconstrucción, lanzando la campaña de recaudación de fondos «Un mattone per il Friuli» («Un ladrillo para el Friul») e instituyendo «premios de bondad» en las escuelas. En 1986, se halla al frente de la Asociación Internacional de Radiodifusión Air-Iab, pero acabará envuelto en problemas por irregularidades administrativas. En 1989, resueltas las causas pendientes con los tribunales, cierra el negocio de la radio, lo deja todo, cruza el océano y se muda a Ecuador. Su idea era la de desarrollar sus conocimientos espeleológicos allí, en América del Sur: «Siempre fui un gran apasionado de la espeleología —nos contará— y Ecuador tenía el problema de los recursos hídricos, por lo tanto la necesidad de investigar la existencia de aguas subterráneas».

Gracias a su capacidad emprendedora y a los amigos ecuatorianos que hizo en el seno de la

Asociación Internacional de Radiodifusión, funda allí la Sociedad Ecuatoriana de Espeleología y entra en contacto con el Instituto Geográfico Militar de Quito. Para sus exploraciones, el gobierno le confía un grupo de hombres de la Infantería de la Selva del Ejército, y con ellos Mecarozzi lleva a cabo una serie de expediciones a cavidades hasta entonces desconocidas. La colaboración con el Gobierno está tan consolidada que, cuando en 1995 estalla la corta guerra del Cenepa, uno de los muchos conflictos con Perú por el control de las zonas fronterizas en la selva amazónica, Mecarozzi está metido hasta el cuello en ella. Guía en sus operaciones a los soldados de infantería de la selva y se acredita como corresponsal de algunos periódicos italianos. En ese momento ya conoce la selva como la palma de su mano y se le reconoce la ciudadanía ecuatoriana. Una fotografía de la época lo retrata sosteniendo a Attilino, un cachorro de leopardo, que incluso de adulto seguirá siendo su animal de compañía durante todo el tiempo que permanezca en Ecuador.

En 2005, después de quince años de aventuras en América del Sur, Mecarozzi regresa a Italia y se instala en la casa de Martignacco, donde inicia el proyecto de una enciclopedia de diecisiete volúmenes publicada por él mismo y titulada *Musica per la scena,* dedicada a los compositores del espectáculo. Tiene entonces sesenta y seis años, y dedica sus días a ordenar fotografías, documentos y recuerdos, y a cultivar sus amados estudios musicales.

Y así lo encontré, en noviembre de 2011, cuando fui a verlo a la casa de Martignacco. No había sido muy fácil localizarlo, muchas personas a las que contacté pensaban que estaría muerto. Y, en cambio, en el tranquilo salón de su casa, tenía ante mí a un hombre todavía vigoroso, de mirada firme e inquisitiva, que me hablaba de su convulsa existencia entre reticencias, silencios significativos y arrebatos repentinos. Hay más cosas no dichas que dichas, y durante todas las sesiones posteriores de entrevistas preliminares en su casa, y luego, durante el rodaje de la película en el lago de Cavazzo, Mecarozzi mantendrá una actitud cautelosa, aunque se muestre extremadamente generoso llegada la hora de poner a nuestra disposición documentos y materiales sobre la operación Atlántida, proyecto que cobró forma en el caluroso otoño de 1968.

En aquellos meses vibrantes de protestas a nivel global, Luciano Mecarozzi piensa en grande. Obviamente está al tanto del anterior y futurista proyecto Précontinent II de Cousteau y de otros experimentos similares en Estados Unidos y en otras partes del mundo, pero en julio de 1968 tiene una repentina revelación: él también puede hacerlo. Ese verano, el joven Mecarozzi será testigo de uno de los primeros experimentos individuales de supervivencia submarina en Italia. Con motivo de la décima Feria Internacional de Actividades Subacuáticas, celebrada en la isla de Ustica (Sicilia), Luigi Ferraro, excomandante de los Hombres Gamma de la Décima Mas —que había sucedido a Eugenio Wolk, el protagonista de los sabotajes en el puerto de Alejandreta que inspiraron la película *Sabotaje en el mar*—, medalla de oro al valor militar y actualmente en el vértice de la Confederación Mundial de Actividades Subacuáticas, ideó el experimento denominado Robinsub 1: construyó una campana subacuática de aproximadamente ocho metros cúbicos, hecha de malla metálica y forrada por dentro con una lámina de plástico para retener el aire introducido desde la superficie, y la sumergió en el agua a diez metros de profundidad frente a la Gruta Azul, bajo el hotel homónimo donde se desarrollaban las actividades de la feria. Dentro de la campana estaba su hijo Italo, de veintisiete años, que vivirá en esa casa sumergida cincuenta horas seguidas. Otro experimento, llamado Robinsub 2, se repitió en Génova en invierno, en febrero de 1969: esta vez Italo Ferraro pasó ocho días y seis noches en la campana sumergida.

Pero, mientras tanto, Luciano Mecarozzi, después del experimento de Ustica, ya en el otoño de 1968 estaba planificando su sueño: crear la primera aldea submarina del mundo, que estaría compuesta por módulos habitables, que ocuparían durante al menos un mes varios grupos de acuanautas contemporáneamente.

Después de movilizar a miembros y amigos de la Sección de Investigación Experimental Subacuática del Centro Italiano Soccorso Grotte, Mecarozzi se lanza de lleno tanto a la planificación técnica de la empresa como a la tarea de involucrar a interesados y recaudar fondos de organismos públicos y privados.

La parte técnica incluso parece la más sencilla. En apenas dos meses, Mecarozzi diseña las casas cilíndricas sumergidas donde los acuanautas tendrán que vivir en saturación; es decir, que en todos los ambientes la presión del aire ha de estar constantemente equilibrada con la presión del agua. La ciudadela estará compuesta por cuatro contenedores cilíndricos: un contenedor madre con motocompresores (que, sin embargo, nunca será utilizado), generadores electrógenos y filtros, para suministrar aire y electricidad a los tres módulos habitables. Estos últimos tendrán ocho metros de largo, dos de diámetro y un espacio útil en la cámara de equilibrio de un metro ochenta.

Según el proyecto, en el interior tendrían que caber cuatro literas, una pequeña mesa y cuatro taburetes plegables, un panel de alimentación eléctrica más teléfono, citófono e interfono, un señalador morse, una telecámara, una pequeña cocina con despensa, pequeños armarios personales, lámparas de rayos ultravioleta y varios ganchos en los que colgar objetos personales. Además de una serie de instrumentos para el control de la temperatura del ambiente y del agua y detectores de anhídrico carbono y de humedad. En realidad, el hábitat resultante será mucho más espartano, sin señalador morse, sin cocina y sin duchas ni servicios, en lugar de lo cual se utilizará más apresuradamente el llamado *passo d'uomo*, es decir, la escotilla que descarga directamente al agua.

En la esclusa de aire, separada de la principal por una trampilla hermética, se encuentran los servicios higiénicos, la ducha y el almacén de botellas de oxígeno. Se accede a la esclusa de aire a través de una escotilla de un metro cuadrado de tamaño y dotada de una puerta hermética. El intercambio de aire en la estructura está garantizado por una serie de grifos bajo una brida de emergencia en la parte terminal de la cámara principal.

La construcción de los cilindros, los tres habitáculos que se denominarán Alfa Tau, Drago II y Cometopo, además del contenedor madre y los otros cuatro cilindros de lastre correspondientes, se le encarga a la empresa Fratelli Salvador de Rivignano, especializada en cisternas y depósitos. Los compresores para la erogación de aire serán suministrados por Atlas Copco de Milán, una antigua empresa especializada en compresores que todavía sigue en funcionamiento; mientras que los equipos submarinos son de Technisub, también una histórica y reconocida empresa de equipos de buceo.

En cuanto al lugar del experimento, la idea de realizarlo en el mar fue enseguida descartada: las plácidas y cálidas aguas ecuatoriales están muy lejos, el Mediterráneo es un mar demasiado sujeto a los caprichos del clima; y, dada la complejidad de las instalaciones que constituyen la ciudadela, se desaconseja incluso el más tranquilo mar Adriático. La elección recaerá en el lago de Cavazzo que, a pesar de su fondo fangoso, tiene una batimetría ideal, no necesita barcos de apoyo, está protegido de las corrientes y de las turbulencias atmosféricas y ofrece en la orilla superficies suficientemente grandes de terreno para el establecimiento del campamento base.

En ese momento, Mecarozzi solo tiene treinta años, pero ya posee el carácter y el carisma de un líder. Obtiene una contribución de diecinueve millones de liras de la recién creada Región Autónoma del Friul-Venecia Julia y, a pesar de la perplejidad y de las críticas —cuando no abiertamente hostilidad— de quienes ven en ese experimento una aventura inútil y un tanto alocada de un grupo de aficionados, Mecarozzi también consigue el apoyo técnico y logístico del Ejército, la Marina, el Consejo Técnico-Científico del Ministerio de Defensa y la Policía Estatal. Al fin y al cabo, son años en los que entre tensiones internacionales y crisis energéticas latentes es mejor estar atento a todo lo que pueda servir para encontrar petróleo en el fondo del mar y, por tanto, a cualquiera que vaya a intentar algo nuevo en el fondo sumergido.

En noviembre de 1968, mientras la NASA lanzaba el programa Apolo 7 y Europa era atravesada por una ola de manifestaciones y protestas estudiantiles, el Centro Italiano Soccorso Grotte lanzaba una convocatoria para un curso gratuito de técnica de buceo, precedido de un curso de espeleología para habituarse a ambientes cerrados. La idea de Mecarozzi era la de reclutar a los futuros acuanautas —todos voluntarios no remunerados— no entre buceadores expertos, sino, por el contrario, entre aquellos que fueran totalmente novatos en el buceo o, mejor aún, que ni siquiera supieran nadar. Atraídos por la novedad, se presentaron sesenta candidatos, en su mayoría jóvenes estudiantes y trabajadores, que se quedaron en cuarenta después del curso preparatorio de espeleología. Era un grupo heterogéneo: había trece obreros, nueve estudiantes, seis oficinistas, nueve profesionales y tres militares. En el último momento, se sumó también una chica, Silvana Polese, una simpática y atractiva adolescente de dieciséis años que había decidido seguir a su hermano Giorgio en la aventura. Cincuenta años más tarde, durante el rodaje de la película, Silvana confesó ante las cámaras que se había visto impulsada a presentarse ante el perplejo Mecarozzi por espíritu de aventura, pero, sobre todo, de autoafirmación: en años de revoluciones femeninas ella iba a ser la primera mujer del mundo en vivir aquel tipo de experiencia, la primera acuanauta de la historia.

La formación teórica y práctica del grupo —comparable a un curso básico actual de *Open Water*— comenzó el 11 de febrero de 1969 y duró sesenta días, en pleno invierno. El equipamiento de los voluntarios (botellas, reguladores, trajes, máscaras, aletas, etcétera) lo proporcionaba la organización, pero a los que quisieran dotarse de un equipo personal se les permitía pagarlo a plazos. Como no había aulas ni piscinas disponibles, las clases teóricas se desarrollan bajo una tienda de campaña, mientras que las prácticas se llevaban a cabo por la noche directamente en las gélidas aguas del lago, colocando en la orilla unos faros alimentados por un generador.

Los entrenamientos no eran un paseo. Los baños nocturnos y las inmersiones en el lago sin traje hermético, con la temperatura del agua que rondaba constantemente los tres grados, a menudo bajo fuertes nevadas, pusieron a prueba a los candidatos, trece de los cuales abandonaron la empresa. Otro, que mostró signos de claustrofobia, lo abandonó todo durante las pruebas de resistencia en espacios reducidos en uno de los contenedores habitables, ya preparados y sumergidos en la línea de flotación. Al final, de aquellos cuarenta aspirantes a acuanautas solo quedarán veinticuatro.

A finales de julio comienzan los trabajos de montaje e instalación de la operación Atlántida. Una grúa militar de doce toneladas descarga en la orilla los contenedores cilíndricos, mientras el campo base empieza a adquirir forma: se levanta una carpa de cinco por diez metros, bajo la cual se instalan los sistemas de control con los televisores de circuito cerrado y la centralita telefónica que, gracias al Ministerio de Defensa, estaba conectada directamente con el único operador de la época, la Sip, además del panel sinóptico, el cuadro de mandos y todos los demás sistemas de control conectados a los contenedores sumergidos. También se destinan a la operación otras seis espaciosas tiendas militares: tres servirán de alojamiento, una de enfermería, equipada con una cámara de descompresión monoplaza, y otra servirá como oficina. La última tienda será destinada a los servicios generales y de comedor. Completan el campo base una serie de cobertizos improvisados que albergan los equipos compresores, los equipos electrógenos y el depósito de material. La zona del lago destinada al hundimiento de los contenedores está delimitada por boyas, mientras que en el centro flota un pontón de madera con capacidad para doscientos quintales. El acceso al campamento está cercado por una valla con una puerta en la que se ha colocado un cartel con el letrero: *Operación Atlántide.*

Todo en su conjunto tiene un aspecto a medio camino entre un parque de atracciones, una avanzadilla militar y un astillero fuera de lugar, y en él trabajan alrededor de cincuenta personas, entre hombres y mujeres: están los directores y proyectistas, el equipo de los doce acuanautas, otro equipo de reserva, los coordinadores de superficie, cuatro ingenieros de transmisiones y cinco agentes de seguridad pública, además de los buzos y enfermeros.

El 3 de agosto de 1969 la empresa fue presentada oficialmente a las autoridades civiles, militares y religiosas, y a la prensa, que dio amplia cobertura a la iniciativa. Un mes después, el 3 de septiembre, las dos primeras tripulaciones ocuparon su lugar en los contenedores Alfa Tau y Drago II.

Las operaciones para el hundimiento de los contenedores no resultarán nada sencillas. El sistema ideado por Mecarozzi estaba basado en un complejo cálculo de distribución de pesos y empujes de propulsión residual. Cada cilindro-vivienda está situado en la línea de flotación, enganchado mediante cables envolventes a un contenedor de lastre de tamaño idéntico al módulo habitable y dividido en tres cámaras separadas. En la cámara central se coloca suficiente cemento para mantener la línea de flotación quince centímetros por encima de la superficie del agua. Luego ese contenedor de lastre se inunda lo suficiente como para que se hunda bajo el contenedor-vivienda. Después, el cilindro de lastre, sostenido por balones flotantes, se va llenando a paladas poco a poco con grava. Por último, los globos se desinflan hasta que el cilindro baje al fondo, arrastrando consigo al módulo vivienda suspendido de los cables, cuya atmósfera interna entretanto ha sido comprimida para equilibrar el peso del empuje propulsor. El hábitat se encuentra a doce metros de profundidad, mientras que el lastre descansa en el fondo del lago entre los dieciocho y veinte metros.

Calibrar pesos, lastres y variaciones de empuje de los cuatro contenedores —incluido el módulo madre— es una operación delicada, y el 4 de septiembre, un día después de la inmersión de los primeros acuanautas, el módulo Alfa Tau se empina a causa de una repentina variación de la posición de la proa, mandando a los cuatro ocupantes patas arriba.

El 11 de septiembre se instala también la tercera tripulación dentro del Cometopo. Entretanto, el 8 de septiembre se corrió el riesgo de que se produjera otro accidente. El teniente del regimiento Genova Cavalleria, Aldo Piras, uno de los acuanautas voluntarios, perdió la orientación durante una salida del módulo debido a la mala visibilidad y volvió a la superficie sin respetar los tiempos de descompresión. Lo subieron medio inconsciente al pontón y lo llevaron a la cámara hiperbárica, donde permaneció durante ocho horas y media.

En los días siguientes, la operación Atlanta avanza bajo la mirada curiosa de los medios de comunicación, que ensalzan la aventura. «Miremos al lago —escribe el corresponsal del periódico *Il Giorno*—. Allí abajo hay doce jóvenes encerrados en tres tubos de hierro. Cuando necesitan sol encienden una lámpara de cuarzo. No será tan importante como el Apolo 11, de acuerdo, ni tan espectacular; pero esos doce acuanautas están conquistando, ahí abajo, su Luna».

La jornada laboral de los acuanautas está marcada por un horario preciso. Cada uno de ellos ha de realizar turnos de trabajo en inmersión fuera del módulo, de una duración máxima de cuatro horas. Los primeros días se dedican a consolidar la disposición de los contenedores de lastre, trabajando entre los veinte y veinticinco metros de profundidad, con la temperatura del agua que ronda los ocho grados. Después, los voluntarios se dedican a una actividad que a algunos les sorprenderá: la recuperación de entre el fango del lago de bombas arrojadas allí al término de la guerra. En seis días los acuanautas de la Atlántida recuperaron alrededor de mil bombas de artillería de diverso calibre que fueron consignadas al escuadrón de artificieros.

Entre las diversas microleyendas que florecerán en torno a las dos fases de la operación Atlántida —la del 1969 y la de 1970—, una se refiere precisamente a la recuperación de las bombas: correrá el rumor —nunca confirmado, y de hecho siempre desmentido— de que el explosivo usado para la masacre de Peteano de mayo de 1972, orquestado por el grupo subversivo neofascista Ordine Nuovo y que costó la vida a tres *carabinieri*, provenía de aquellas bombas recuperadas en el lago.

En realidad, a pesar de los inconvenientes, tensiones y dificultades de vivir encerrados en un ambiente saturado de humedad, casi siempre sin luz, trabajando en inmersión en aguas frías y oscuras, los jóvenes del Alfa Tau, Drago II y Cometopo mantendrán un cierto espíritu goliardesco. Cincuenta años después, durante el rodaje del documental, contarán las bromas, las imprevistas incursiones de un contenedor a otro, las fugas nocturnas para emerger a la superficie a respirar un poco de aire puro, las escapadas y las pequeñas desobediencias.

Silvana Polese conserva un recuerdo fundamental de aquellos días, la conciencia de haber hecho algo acorde con el espíritu de la época. También de acuerdo con el espíritu de la época otros recordarán cierta sensación de ser observados por parte del SID, el Servicio de Información del Ministerio de Defensa. Y algunos, otros episodios más turbios: Renato De Piero, que participó en el experimento de 1970, confesó ante la cámara, por primera vez en medio siglo, que al final de la segunda fase de la operación Atlántida había recibido de personas no especificadas una oferta de cuatro mil dólares, amablemente rechazada, para ir a hundir barcos en el canal de Suez.

Paréntesis mediooriental

Por otra parte, dicho sea de paso, existía cierta tradición al respecto —es decir, la de hacer incursiones submarinas en Oriente Medio— que había comenzado hacía tiempo. Fiorenzo Capriotti, uno de los incursores de la Décima Mas, que tras ser capturado por los ingleses durante la operación de Malta, y haber pasado cinco años de prisión, regresó a Italia donde le fue conferida la medalla de plata al valor militar y que sería uno de los fundadores y primeros dirigentes del Movimiento Social Italiano-Derecha Nacional y más tarde candidato en las elecciones políticas de 1948, cuenta en sus memorias que aquel mismo año se le acercó un viejo conocido suyo. Era el comandante Agostino Calosi, entonces jefe del SIS, el Servicio Secreto de Información de la Marina, quien, sin andarse con rodeos, le propuso partir hacia Israel para entrenar y formar una unidad especial de asaltantes submarinos y de superficie, el futuro Shayetet 13 («Flotilla 13»), una escuadra de élite de la naciente Marina militar israelí.

La colaboración de Italia en la formación de la Shayetet 13 en Israel formaba parte de un proyecto secreto nacido de los acuerdos entre el primer ministro de la posguerra, el democristiano Alcide De Gasperi, y Ada Sereni, exponente histórica del movimiento sionista. Ada Sereni fue una de las primeras judías italianas en emigrar a Palestina en 1928 para construir la utópica Tierra de Israel; participó activamente en el movimiento secreto de inmigración ilegal Aliyah Bet, involucrado en el traslado de supervivientes del Holocausto a Palestina. Entre 1945 y 1948, logró llevar a veinticinco mil judíos europeos al nuevo Estado, como relata en su célebre libro *I clandestini del mare*, de 2006.

El acuerdo confidencial ítalo-israelí preveía reincorporar al trabajo activo a algunos exasaltantes de la Décima Mas y del batallón de Nadadores Paracaidistas de la República de Salò, entre ellos Geo Calderoni y Nino Buttazzoni. Además de Nicola Conte, que después del 8 de septiembre se había negado a unirse a la República Social, prefiriendo Badoglio a Borghese.

Y precisamente también a Fiorenzo Capriotti, que, por el contrario, era un hombre muy leal a Borghese.

A pesar de las diversas orientaciones políticas y de bandera, a pesar de haber estado en bandos opuestos en la guerra civil, todos habían sido expertos combatientes de los mares, útiles para restablecer aquí y allá, aunque en gran secreto, nuevos equilibrios entre los Estados que salían extenuados de la Segunda Guerra Mundial. Según los acuerdos, en particular los dos últimos, Nicola Conte y Fiorenzo Capriotti deberían entrenar a los equipos de asalto de la Marina militar del Estado judío en el primer conflicto árabe-israelí que ya estaba en marcha. Conte se encargó de entrenar a los asaltantes submarinos; mientras que Capriotti fue responsable de las lanchas motoras de turismo modificadas (MTM), las pequeñas lanchas de asalto o *torpedos humanos*, del título de la película de Antonio Leonviola de 1954, protagonizada por Raf Vallone, que los haría famosos entre el gran público.

Al principio, Capriotti se quedó un poco desconcertado por la propuesta. ¿Cómo podía un fascista como él ir a luchar por los judíos? Pero luego la idea de provocar algún quebradero de cabeza a los odiados ingleses, partidarios de la Liga Árabe y, sobre todo, la perspectiva de volver a la acción lo convencieron.

Cubierto por los servicios secretos, a finales de la primavera de 1948 Fiorenzo Capriotti partió hacia Israel bajo el falso nombre de Mister Katz. Tenía que parecer un judío de Rumania, sin pasaporte y deseoso de llegar a la Tierra Prometida.

Tan pronto como aterrizó en Haifa, contra todas las expectativas, Capriotti se sintió como en casa: «Desde el primer momento —dirá— sentí que amaba esa tierra, y desde el primer encuentro me sentí verdaderamente uno de ellos, un *sabra*, alguien que siempre había soñado con ser así». El único pequeño inconveniente fue que Capriotti se negó a aprender hebreo, como le propusieron: «Habrían querido —recordará— que yo aprendiera su idioma; me negué a dedicar mi tiempo a aprender un idioma que consideraba bárbaro, porque iba de derecha a izquierda y de arriba abajo como quien escribe con cincel y martillo sobre roca o mármol. No quería aprender un idioma que me hacía retroceder más de 2000 años».

Aparte de su particular idiosincrasia, las relaciones con el ejército israelí fueron idílicas. Capriotti se hizo amigo, sobre todo, de Yohay Ben Nun, joven comandante de los asaltantes de la joven marina israelí, y de Yossele Dror, «nadador, buceador, zapador, asaltante infatigable». «Más que amigos —dirá Capriotti—, hermanos de fortuna».

Desde Italia, donde habían sido adquiridas como residuos de guerra por la empresa Cabi, llegaron embaladas seis lanchas de asalto MTM, que entretanto habían sido «revisadas y probadas en el puerto de hidroaviones de Milán» por Capriotti. Excluido el turbulento Mediterráneo, el adiestramiento del grupo, «doce muchachos maravillosos» acostumbrados a trabajar en equipo por su vida en los *kibutzim*, como recordará Capriotti, se desarrollará en las aguas más tranquilas del lago Tiberíades.

El lago de Jesús, situado a 213 metros bajo el nivel del mar, encastrado como está en el gran valle tectónico creado por el desprendimiento de las placas árabe e israelí —como para subrayar la división geológica entre los dos pueblos—, con una profundidad media de veintiséis metros y picos de cuarenta y tres, es el espejo de agua dulce más grande de Israel y será el campo de entrenamiento ideal para aprender a hundir barcos enemigos con técnicas de guerra insidiosa.

La zona de entrenamiento, no lejos de la ciudad de Tiberíades, se vallará. Capriotti se instala en un «pequeño y agradable hotel». Y hablando en inglés dirige, adoctrina y entrena a los jóvenes asaltantes judíos. Los entrenamientos, contará, «fueron intensivos con navegación diurna y nocturna, en formación o según otros esquemas, de acuerdo con el tema que se iba a desarrollar: superación de barreras y lanzamientos para comprobar si el vehículo corría veloz y derecho hacia el objetivo elegido para la ocasión. [...] Realizamos ejercitaciones de navegación, cambio de formación y ataque final en masa: naturalmente las ejercitaciones diurnas servían para adquirir dominio de los medios y conocimiento de la técnica operativa, mientras que las nocturnas representaban la acción que habrían tenido que realizar los asaltantes en caso de una operación real contra el enemigo».

Sin embargo, quedaba un problema por resolver: en la Décima Mas, los «torpedos humanos» estaban destinados al sacrificio, la muerte o el encarcelamiento. Una vez que la lancha cargada con trescientos kilos de TNT era lanzada a toda velocidad hacia el barco que pretendía hundir, a cincuenta metros del objetivo el piloto se arrojaba al mar gracias a un sistema de liberación del asiento. Pero no había forma de rescatar al piloto, no estaba previsto; el asaltante se encontraría nadando junto a los náufragos víctimas de su incursión, y lo que le sucediera dependía solo de lo que estaba escrito en su destino.

Para los israelíes, tal hipótesis no era factible. Había que recuperar al piloto de la lancha explosiva, costara lo que costara: «Había que idear una alternativa —contará Capriotti— para intentar, una vez finalizada la acción, identificar al operador, pescarlo y traerlo de vuelta». La idea, bastante obvia, se le ocurrió a uno de los tipos más inteligentes del grupo, Uzi Sharon: cada acción de ataque habría sido llevada a cabo por cuatro o más lanchas motoras, una de las cuales estaría desarmada y descubierta con dos operadores a bordo, un piloto que controlaría el vehículo y un observador equipado con prismáticos nocturnos infrarrojos que tendría la tarea de identificar a los hombres que había que pescar indicando al piloto hacia dónde dirigirse. Los operadores vestirían trajes submarinos, también suministrados por Italia, y dispondrían de un casco especial equipado con una luz infrarroja para ser identificados por la lancha de apoyo, una vez abandonada la embarcación explosiva lanzada hacia el barco enemigo.

Cuando finalizó el entrenamiento, todo el equipo de la Shayetet 13 abandonó el lago Tiberíades y, en columna, hombres y vehículos regresaron a la orilla del mar. Allí las lanchas modificadas fueron armadas con cargas de TNT y finalmente cargadas a bordo del barco que las había de llevar a la zona de operaciones.

En otoño, el Servicio de Inteligencia israelí advirtió que los egipcios estaban preparando una importante operación naval para reabastecer a las tropas que rodeaban Gaza. Dado que las dos flotas no podían entrar en contacto directo y combatir, era hora de probar la eficacia de la guerra insidiosa importada de Italia.

La fecha elegida para la operación fue el 22 de octubre de 1948. En la cubierta del barco donde estaban colocadas las lanchas explosivas, a Capriotti le hierve la sangre: «Yo, que había cuidado todos los detalles a bordo, dentro de mí pensaba, esperaba, o más bien estaba seguro de que bajaría al mar con los muchachos, tal vez en la lancha de repesca de los pilotos una vez finalizada la acción». En cambio, poco antes de zarpar, el comandante de las tropas de asalto, su amigo Yohay Ben Nun, le dice que no puede asumir la responsabilidad de llevar a un ciudadano extranjero a una guerra que solo afecta a Israel. «Me sentí humillado —recordará Capriotti— y, a pesar de que me rebelé, no pude evitar cumplir con lo ordenado. Bajé a tierra lleno de ira y resentimiento, y cuando regresé a mi alojamiento me encerré en un triste silencio y lloré».

Lo que ocurrió la noche del 2 de octubre de 1948 pasará a la historia como la Acción de Gaza. Cuatro torpedos humanos, entrenados por Capriotti, hundieron el buque insignia egipcio Emir Farouk, además de un cazaminas, liberando a Israel de la presión en el mar por parte de los barcos de la Liga Árabe en esa etapa del conflicto. Después de la Acción de Gaza, Capriotti seguirá colaborando con la Marina militar israelí; y los equipos de asaltantes de la Flotilla 13 seguirán haciendo aquello para lo que fueron entrenados durante los diversos conflictos árabe-israelíes que se sucedieron: la incursión en el puerto de Beirut con la destrucción de dos corbetas palestinas en julio de 1958, la recuperación de un MiG sirio en el lago Tiberíades en agosto de 1966, la destrucción de una base naval libanesa en el puerto de Sidón en enero de 1971, la destrucción de dos centros de comando secretos palestinos escondidos en el puerto de Trípoli en marzo de 1980, el bloqueo del barco turco Mavi Marmara con destino a Gaza con activistas propalestinos a bordo en mayo de 2010. Y así sucesivamente.

Por eso no es de extrañar que en aquel septiembre de 1969, y al año siguiente, más de una persona estuviera en Italia vigilando entre bastidores lo que sucedía en el lago de Cavazzo con Mecarozzi y sus jóvenes acuanautas ocupados en las dos fases de la operación Atlántida. Y que alguien —él dice no saber si eran agentes del Mossad, de los servicios secretos palestinos u otros— hubiera ofrecido al acuanauta Renato De Piero cuatro mil dólares para que fuera a provocar desastres al canal de Suez.

Me hubiera gustado investigar más el asunto, quizás siguiendo de cerca a Luciano Mecarozzi, quien, como dije, fue muy generoso al facilitar materiales y documentos sobre la operación Atlántida para la realización de la película, pero cuando se tocaban ciertos temas se cerraba en banda. No tuve la oportunidad ni el tiempo: Mecarozzi sufrió repentinamente un derrame cerebral que lo llevó a una estancia hospitalaria larga e incapacitante, y en 2020 el covid le dio el golpe de gracia. No pudo ver la película completa, para la cual utilizamos imágenes y grabaciones suyas tomadas años antes.

Rodamos la película el año anterior a la pandemia. La idea era cargar en una furgoneta a un pequeño grupo de cinco exacuanautas protagonistas de las dos fases del experimento y llevarlos en un viaje al lago de Cavazzo, donde recordarían sus experiencias, la vida cotidiana, las bromas, la llamada telefónica que llegó hasta allí abajo del presidente de la República, Giuseppe Saragat, las ejercitaciones con un pesado cabezal de pozo, el componente en forma de torreta de un pozo de petróleo, que, por otra parte, permaneció en el fondo del lago. Todo en un *flashback* que utilizó fragmentos de imágenes de la época, en particular las excepcionales imágenes *amateur* en Super 8 tomadas por uno de los acuanautas, Mario Ordiner, así como entrevistas con otros protagonistas, como el médico de la operación, Giorgio Maisano, que realizó una serie de investigaciones yendo bajo el agua hasta los acuanautas para hacerles controles y extraerles sangre. El resultado de su investigación acerca de la «desincronización experimental del ritmo cortisolémico en buceadores», es decir, en la práctica, lo que les ocurría a aquellos que eran sometidos a un ritmo anormal de alternancia sueño-vigilia, fue publicado posteriormente.

El viaje en la furgoneta con los veteranos de la Atlántida, según las notas de dirección de Diego Cenetiempo, debía ser la metáfora de un viaje en el tiempo, en un espacio comprimido —la furgoneta precisamente— como cincuenta años antes. La forma era la de la metapelícula: la historia de la preparación de un documental sobre la operación Atlántida, donde la última escena evocaba el inicio del rodaje propiamente dicho. Todo transcurrió sobre ruedas, salvo los momentos de excesivo entusiasmo del grupo de veteranos de setenta años que, incluso con las cámaras apagadas, habían redescubierto, o más bien habían sacado a flote, aquel espíritu emprendedor de quienes habían vivido los años en los que todo parecía posible y en los que, en las aguas del lago y, más abajo, en la oscuridad del fondo, se reflejaban fragmentos de aquella inquietud existencial generalizada, que pronto, en toda la desorientada sociedad italiana, se transformaría en una rabia sorda e impotente.

La operación Delfín

Así estaban las cosas en aquellos años turbulentos. Y en el mundo submarino se reflejaba la inquietud de la década más larga del corto siglo, la búsqueda de nuevos equilibrios y nuevas realidades que explorar. El Précontinent II y la operación Atlántida no fueron ciertamente los únicos experimentos sobre la vida submarina realizados entre los años sesenta y setenta.

Edwin Albert Link (1904-1981), por ejemplo, inventor, ingeniero aeronáutico y arqueólogo submarino, en 1962, en Villefranche-sur-Mer, en la Costa

Azul, llevó a cabo el proyecto Man in Sea, pasando ocho horas a una profundidad de dieciocho metros en su cámara de descompresión submarina, respirando mezclas. Inició, así, una serie de experimentos posteriores, hasta llevar en 1964, en las Bahamas, a los acuanautas Robert Sténuit y Jon Lindbergh —uno de los hijos del legendario aviador Charles Lindbergh— a vivir durante cuarenta y nueve horas a la considerable profundidad de ciento treinta metros, en una especie de bolsa de plástico anclada en el fondo marino, a la que llamó Spid, es decir Submersible Portable Inflatable Dwelling (Vivienda Portátil Hinchable Sumergible), respirando una mezcla de helio y oxígeno.

Otros proyectos de aquella época, diseminados en diversas partes del mundo, llevan los nombres de Sealab, Tektite y Aquarius, entre otros. Pero la más cercana y contemporánea a la operación Atlántida se llamó operación Delfín.

Precisamente en 1969, mientras Mecarozzi trabajaba en su Atlántida, la empresa de obras subacuáticas Rana, fundada por Faustolo Rambelli y Franco Nanni, junto con el Gruppo Subacqueo Sub Delphinus, para formalizar los trabajos subacuáticos realizados por cuenta de la AGIP (Compañía General Italiana de Petróleo) en las primeras plataformas de extracción de gas del Adriático, puso en marcha un proyecto de saturación y supervivencia subacuática denominado Delfino I.

Franco Nanni y otros dos buceadores voluntarios, Valentino Emiliani y Paolo Borghi, con el apoyo de Rambelli, entraron en una casita cilíndrica de metal con un volumen de seis metros cúbicos, equipada con tres literas, una mesa pequeña, un armario para alimentos y equipos, interfonos, y un teléfono para comunicarse con la superficie. El hábitat se colocó a once metros de profundidad y a seis kilómetros de la costa, cerca de la terminal de descarga de los barcos de la refinería de Sarom, conocida por los ravenenses como la «isla de acero de Ravena», de la que recibía electricidad y aire. Nanni, Emiliani y Borghi permanecieron allí abajo durante cuatro días, dando paseos por el fondo arenoso donde se apoyaba la isla de acero. «El tiempo pasaba rápido —recordará Franco Nanni—, no había modo de aburrirse. Nos levantábamos a las 8:30, desayunábamos, luego caminábamos por el fondo marino tomando muestras durante dos horas, e inmediatamente después era la primera visita médica por parte del doctor Carlo Fresa». El 5 de septiembre hubo una llamada telefónica entre el Dolphin I y los acuanautas de la Atlántida, que quedaron en volver a llamarse, como habitantes de los mundos submarinos. Lo cual no sucedió.

Al año siguiente, en 1970, se repitió el experimento con el Delfino II, resultado de una modificación del Delfino I: del 1 al 11 de octubre Franco Nanni y Giancarlo Borghesi vivieron diez días en saturación.

Aún hoy, cuando hablo por teléfono o me encuentro con Faustolo Rambelli, a quien conozco de toda la vida, ahora historiador de ciencia submarina en la Historical Diving Society, organización que presidió hasta hace tres años, el recuerdo de las operaciones Delfino I y II —así como de la operación Atlántida— me evocan un recuerdo casi familiar, la percepción de una vivencia que ciertamente no es mía, pero que de alguna manera me pertenece, y de la cual, quién sabe por qué, me siento responsable.

En casa

Alguien que no soy yo sostiene que debería ceñirme a los hechos y a la historia, sin buscar otros significados huidizos o inexistentes. Le respondo que lo que se deposita en las profundidades del mar o en el fondo de un lago permanece conectado con el mundo de arriba, del mismo modo que las raíces de los árboles se comunican entre sí bajo tierra.

En enero de 2022, una vez finalizada la expedición para estudiar los tiburones ballena en Yibuti, regresé a casa con la idea, tal vez madurada gracias a la cercanía con aquellos plácidos y elegantes gigantes de los océanos, de que el mar, después de todo, no es demasiado adecuado para quienes quieran dominar el caos de la existencia. El mar desestabiliza, desestructura, muda y disgrega, invade. El mar es revolucionario y, por eso, por una extraña ley de contrapaso,[13] atrae precisamente a quienes buscan orden y equilibrio y no pueden tenerlos.

Tan pronto como regresé a casa, reactivé la aplicación conectada a la pulsera para ver por dónde

13 La ley del contrapaso, principio que regula la condena de los reos mediante el contrario de su culpa o por analogía con ella. Está presente en numerosos textos históricos y literarios de influencia religiosa, como la *Divina comedia.* [N. de la T.]

andaba mi tiburón-conciencia, Aletarrota. Descubrí, con cierta contrariedad, que la señal del satélite se había interrumpido desde hacía más de una semana, más o menos el tiempo transcurrido durante la expedición a Yibuti. Empecé a pensar, observando en el mapa telemático las enrevesadas trayectorias de mi depredador —o depredadora, al ser hembra—, que Rebeca/Aletarrota quería decirme algo. Quizás ofrecerme una tregua a los sentimientos de culpa, a los de aquellos que como yo desearían domar el caos y no lo logran e incluso la lían más cuando lo intentan. Olvídate de los mundos submarinos —tal vez sea eso lo que quería decirme el Gran Tiburón Blanco—, no es allí donde encontrarás compensación al desorden de la vida. Pero ¿cómo hacerlo?

Donde termina una historia siempre comienza otra. Esta también es una ley del mar. Y cada destino se liga a otro. Las señales de lo que permanece en el fondo del mar son un reclamo difícil de esquivar. Si además uno vive en una ciudad como Trieste, cuyo nombre está ligado al abismo más profundo del mar, entonces las cosas aún se complican más: no hay forma de escapar al desorden de las historias.

6
El punto más oscuro de la tierra

El 23 de enero de 1960, el barco de apoyo de la Armada estadounidense Lewis, escoltado por otra unidad, el Wandank, se detuvo a doscientas millas al sur de la isla de Guam, en el océano Pacífico occidental, tras dos días de navegación por el archipiélago de las Marianas.

En ese punto, bajo la superficie del mar, según las mediciones geográficas más recientes, el fondo marino alcanza una altitud de menos 11 521 metros: se trata del abismo Challenger, el punto más profundo de la Tierra.

El mar está agitado, las olas sacuden a los dos barcos. En la torreta del Lewis se baja al agua el batiscafo que lleva el nombre de una ciudad italiana que domina el mar Adriático: Trieste. El barco está diseñado y construido para descender a los abismos más profundos de los océanos. Resiste presiones impensables en hábitats donde ningún ser humano se ha atrevido jamás a adentrarse.

A bordo del batiscafo Trieste están Jacques Piccard y Donald Walsh. El primero es hijo del gran físico y explorador suizo Auguste Piccard; el segundo es un joven teniente de la Marina de los Estados Unidos. El primero tiene menos de cuarenta años;

y el segundo, menos de treinta. El francés y el americano, unidos por los acuerdos con US Navy, que ha comprado el barco por doscientos cincuenta mil dólares con el fin de obtener de él algún rendimiento en lo que concierne a investigaciones científicas y militares, están a punto de intentar una empresa que muchas veces se había soñado, pero que nunca se había osado realizar: descender con un nave submarina al fondo del océano hasta llegar al punto más profundo de la Tierra.

Piccard y Walsh se conocen bien. Ya han realizado varias exploraciones con el batiscafo Trieste en profundidades nunca antes alcanzadas por el ser humano. Desde la cubierta del barco de apoyo Lewis, Giuseppe Buono, el ingeniero italiano que ha visto nacer, crecer y hundirse en inmersiones de prueba al batiscafo Trieste más de sesenta veces en profundidades desconocidas, está preocupado. Las olas azotan a su amada criatura de acero sin demasiados cumplidos; y ya han dañado el correntómetro, el teléfono de a bordo y el instrumento de medir la velocidad de inmersión y de emersión.

Existe el riesgo de que en el último momento salte todo por los aires, que llegue de tierra la orden de anular la empresa.

Nadie sabe exactamente qué verán o encontrarán allí los dos exploradores. Nadie sabe a ciencia cierta si la máquina construida para conquistar las profundidades resistirá la aterradora presión de una tonelada por centímetro cuadrado. Nadie sabe si el barco logrará regresar sano y salvo a la superficie.

Tras la conquista de la veta más alta de la Tierra, el monte Everest, con sus 8848 metros de altitud, por el alpinista neozelandés Edmund Hillary y el *sherpa* Tenzing Norgay en 1953, tras las exploraciones realizadas en la estratosfera a más de dieciséis mil metros de altitud, y en vísperas del primer vuelo al espacio llevado a cabo por Yuri Gagarin en abril de 1961 a bordo de la nave espacial Soyuz, es hora de ir a ver qué hay en el punto más oscuro del planeta.

La aventura del batiscafo Trieste comenzó casi treinta años antes de aquel 23 de enero de 1960. En 1932, Auguste Piccard, el padre de Jacques, logró superar los dieciséis mil metros de altura viajando por la estratosfera a bordo de un globo aerostático. El mundo y la ciencia contemplaron admirados su hazaña, pero pronto otros lo batieron en récords de subida hacia las grandes alturas.

Piccard, entonces, dejando de lado la estratosfera, desvía su atención del cielo a los abismos del mar. En 1939, comienza a trabajar en un proyecto que acariciaba desde hacía tiempo: un batiscafo capaz de superar las mayores profundidades de los océanos. La idea era la de crear una especie de globo submarino, un barco flotante alargado, lleno de un líquido más ligero que el agua —la gasolina—, provisto de lastre compuesto por esferas de acero, y de una cabina circular presurizada para la tripulación. El barco deberá tener total autonomía de movimiento, vertical y horizontal, como cualquier otro submarino.

En realidad, recordará más tarde el propio Auguste Piccard, el sueño de descender a los océanos era anterior al de ascender a la estratosfera: «Al contrario de lo que muchos creen —escribirá— no concebí la idea de un aparato submarino a partir del globo estratosférico, sino todo lo contrario: fue la primitiva concepción del batiscafo la que me sugirió el medio para explorar las mayores alturas».

El estallido de la Segunda Guerra Mundial detuvo los estudios y proyectos, que se reanudaron tan pronto como el nuevo orden mundial lo permitió. En 1948, Auguste Piccard creó dos prototipos de batiscafos con piloto automático, con los que alcanzó más de 1300 metros de profundidad. Pero las pruebas no fueron satisfactorias: se necesitaba mucho más para enviar al hombre a más de 10 000 metros bajo el mar. Lo primero era dinero, mucho dinero.

Y es ahí donde entra en escena Trieste, la ciudad en la que vivo y trabajo, que se asoma al punto más extremo del norte del Adriático y que dará nombre al primer batiscafo de la historia capaz de descender a profundidades inimaginables.

Pocos años después del final de la guerra, Trieste era una ciudad disputada entre Oriente y Occidente. Separada del resto de Italia, estaba dividida en dos y era un granito capaz de obstruir los nuevos y delicados equilibrios políticos globales. Al igual que sucedía en Berlín, una frontera temporal separaba Trieste en dos áreas de influencia opuestas, establecidas con el tratado de paz de París de 1947 por los vencedores del conflicto. Estas constituyeron el Territorio Libre de Trieste, el hipotético y futuro primer Estado independiente y desmilitarizado gobernado por las Naciones Unidas, y que se hallaba dividido en dos zonas: la Zona A, que estaba bajo el control y administración de un gobierno militar angloamericano; y la Zona B, que estaba controlada por la Yugoslavia del mariscal Tito. Los modelos económicos y sociales y las políticas de la democracia occidental, por una parte, y, por otra, los sueños del socialismo real se enfrentaban en una guerra silenciosa y de baja intensidad que separaba a familias y destinos. La vida en aquella línea de frontera se distinguirá por una tensión constante que irradia desde aquel punto nororiental del mapa hacia Europa entera.

Pero, a pesar de las tensiones, en la zona controlada por el Gobierno militar aliado, que se extendía por todo el tejido urbano de la ciudad, incluidas las plantas industriales, el puerto y los astilleros, la subsistencia económica, primero con el Plan Marshall y luego con la administración aliada, creó las condiciones favorables para un rápido renacimiento tras las devastaciones de la guerra y los tres años de ocupación nazista de la ciudad.

Tras la firma del tratado de paz, Trieste estaba de rodillas, empobrecida, con sus infraestructuras devastadas, con decenas de miles de prófugos italianos que habían huido de las tierras cedidas a Yugoslavia y a los que era necesario dar alojamiento y trabajo. Pero, para el gobierno angloamericano, la ciudad fronteriza con el mundo comunista tenía que ser no solo un ejemplo de democracia, sino también un modelo occidental de bienestar y prosperidad. Así pues, llegará el dinero, y mucho, y en pocos años la ciudad en disputa, separada del resto de Italia por una frontera temporal, experimentará una rápida recuperación económica, a pesar de las continuas tensiones políticas.

Muerte en Trieste

Y es en medio de ese contradictorio clima de efervescencia cuando llega a Trieste el hijo de Auguste Piccard, el joven Jacques, estudiante de economía en Ginebra. «En el invierno de 1951-52 —recordará— estaba en Trieste para preparar una tesis de grado para la Universidad de Ginebra sobre las posibilidades económicas del llamado Territorio Libre de Trieste: diez mil soldados aliados y un número notable de soldados yugoslavos ocupaban la región para afirmar su carácter libre e independiente». Nada más poner pie en la ciudad, precedido por su fama de hijo del célebre Auguste Piccard, Jacques conocerá, entre otros, a Diego de Henríquez, a quien se lo presentaron como director del naciente Museo de la Guerra por la Paz.

Diego de Henríquez ha dejado su huella en la historia reciente de Trieste y de alguna manera ha determinado algunas de sus particularidades. Nacido allí en 1909, en el seno de una familia pudiente de ascendencia noble española y tradiciones vinculadas a la Marina Imperial de los Habsburgo (pero que se jactaba de haber tenido antepasados en todas las guerras, desde las Cruzadas hasta las campañas napoleónicas y las guerras del Risorgimento), Diego de Henríquez era hijo de un corredor de bolsa que antes de la Gran Guerra había logrado acumular una pequeña fortuna, gracias a la cual la familia pudo vivir con holgura.

La madre de Diego, María Micheluzzi, era una mujer excéntrica y culta; mientras que su hermana, Fiore, está destinada a un futuro de artista. Diego de Henríquez se graduó en 1928 en el Instituto Náutico de Trieste. Era un joven capaz de hablar ocho idiomas, y ya desde temprana edad se reveló como un niño prodigio que mostraba una verdadera obsesión por la que sería la misión de su vida: el coleccionismo militar. El pequeño Diego se sentía atraído por cualquier resto, reliquia u objeto que pudiera ligarse a la guerra o a hechos de armas. La Primera Guerra Mundial, que vivió siendo niño, dejó muchos restos en Trieste y en el Carso, restos que para Diego representaban mucho más que simples antiguallas: eran fragmentos que hablaban del destino trágico del hombre, condenado a combatir contra sí mismo.

Después de obtener el diploma de bachiller en el Instituto Náutico, con solo diecinueve años, Diego se casa con Adele Fajón, con quien tendrá dos hijos, Adele María y Alfonso Federico. Ese mismo año se incorpora a la Milicia de Voluntarios para la Seguridad Nacional, mientras que al año siguiente hará el servicio militar como soldado de infantería. Al terminar, trabaja en los astilleros de Monfalcone, y luego en la empresa de transporte marítimo Navigazione Libera Triestina, la futura Società Adriatica di Navigazione.

Algunos meses después de estallar la guerra, en 1941, será llamado a filas y enviado como guardia de fronteras al XXV Sector Timavo, en el cuartel príncipe de Piamonte, en San Pietro del Carso (hoy Pivka, en Eslovenia), donde trabaja en las oficinas de la administración y desde donde asiste a la invasión italiana de Yugoslavia.

Es otra guerra, otro conflicto; los hombres están de nuevo los unos contra los otros. Y, como ya viene haciendo desde niño, considera que es el momento de dar testimonio de ello, el momento de fijar de inmediato ese desperdicio de humanidad guerrera para que quede memoria de él. Así que Diego de Henríquez pide y obtiene de su superior, el coronel Ottone Franchini, la autorización para recuperar piezas bélicas yugoslavas, con el fin de crear allí, en el Sector Vigésimo Quinto, un auténtico museo de la guerra. Con el grado de sargento, un camión y tres hombres a su mando, Diego de Henríquez es autorizado a desplazarse por toda la región militar del nordeste, rescatando material —utensilios, uniformes, fiambreras, gábatas— y cualquier tipo de documentación «guerrológica», como él la define, o «polemológica».

Es el comienzo de una actividad de recolección desenfrenada, que sorprende no tanto por la excepcionalidad y enormidad de la colección, sino por la capacidad de Henríquez para convencer a cualquiera —empezando por los distintos mandos militares hasta las autoridades políticas y administrativas, tanto del periodo de la guerra como de la posguerra— de la necesidad de hacerlo y de sus buenas razones. Incluso los alemanes que ocuparon Trieste entre 1943 y 1945, y después de ellos los yugoslavos y, a continuación, los angloamericanos que gobernaron la ciudad del 1945 al 1954, le dieron crédito, con donaciones de material, equipos, medios militares y permisos especiales para su museo; que, mientras tanto, había sido trasladado de San Pietro del Carso a Trieste. No se sabe bien en calidad de qué participó activamente Henríquez en las negociaciones de rendición entre las tropas alemanas y neozelandesas en los dramáticos días de la liberación de Trieste.

Como un Zelig, siempre implicado en los múltiples acontecimientos históricos de aquellos años, Diego de Henríquez atravesará bandos, ocupaciones, enfrentamientos y regímenes, introduciéndose por todas partes y hablando con todos, coleccionando y comprando a diestra y siniestra cualquier objeto, testimonio o vestigio que pudiera ser útil para su museo. Desde el soldadito de plomo al cañón, desde un tren blindado entero a un vagón ambulancia, desde figuritas para niños hasta verdaderos minisubmarinos (un Molch alemán y un CB italiano), desde piezas únicas o raras a simples cachivaches. Despilfarrando poco a poco el patrimonio familiar, la colección de Henríquez irá creciendo desmesuradamente. Es un museo distribuido en diversos lugares, desde almacenes a cuarteles, pasando por grandes áreas del Carso cedidas en concesión, el cual, en sus intenciones, debía ser una especie de burbuja temporal en la que detener el horror, un depósito sin límites de todo lo que la experiencia humana ha producido y produce para aniquilar a la humanidad misma. El primer y significativo título que Henríquez da a su empresa lo dice explícitamente:

«Centro internacional de abolición de las guerras y por la hermandad universal y la abolición del mal y de la muerte del pasado y del futuro, por medio de la invención del tiempo como consecuencia de la desvinculación del espacio-tiempo».

El tiempo, efectivamente. Como todo erudito de espíritu hipersensible, Henríquez intenta dominar el miedo al tiempo con el mismo sistema usado para dominar la angustia del mal y de la guerra: recogiéndolo en una colección, sometiéndolo a control a través de un inventario ideal e infinito. Con el mismo fin, a medida que va cobrando forma su colección de reliquias de la guerra, Henríquez se convierte también en un cronista igualmente bulímico. Durante todo el período de la guerra, y especialmente después, estuvo siempre presente en el escenario de los acontecimientos de la ciudad, y nada de lo que sucedía a su alrededor debía escapar a su pluma. Sus diarios contienen el registro cotidiano, a veces minuto a minuto, de todo lo que ve, oye y capta a su alrededor: diálogos interceptados en bares, en la calle, en autobuses, pintadas en las paredes, reflexiones improvisadas, chistes verdes... Pero también los grafitis dejados por los prisioneros de los nazis en el campo de concentración de la Risiera di San Sabba de Trieste (escritos que luego fueron borrados de los muros de la prisión). Y lo que él llama «casualidades paranormales», como encontrarse con una persona soñada por la noche. Ese registro capilar y deshilvanado será una práctica existencial diaria que le llevará, hasta el último de sus días, a llenar casi trescientos cuadernos repletos de noticias, dibujos, observaciones y entrevistas en decenas de miles de páginas. De lo que se desprende de estos diarios, Henríquez parece un ángel: frente a él las puertas se abren de par en par, los malos se callan, es como si la gente encontrara consuelo en este hombre excéntrico que dice actuar solo y en nombre de una ciencia cósmica basada en una idea superior, la del almacenamiento del mal.

En línea con un destino que hizo de la superación de la maldad su pauta de vida, Diego de Henríquez murió en circunstancias trágicas la noche del 2 de mayo de 1972 en el incendio de uno de los almacenes donde vivía, en la calle San Maurizio, un almacén lleno de reliquias históricas, donde dormía en un ataúd, porque decía que así se acostumbraba a la idea de la muerte.

Tres investigaciones judiciales e innumerables artículos, libros y documentales sobre la muerte de Diego de Henríquez aún no han esclarecido del todo lo ocurrido aquella noche. Hoy el Museo Cívico de la Guerra por la Paz «Diego de Henríquez» es una realidad en Trieste. Está situado en Via Costantino Cumano, fuera del centro urbano. Alberga solo una parte de su inmensa colección y es uno de los lugares culturalmente más activos y visitados de la ciudad. Sin embargo, la trágica muerte de su fundador sigue siendo un misterio.

Como muchos otros cronistas y escritores, a lo largo de los años me he ocupado decenas de veces de la historia y desaparición de Diego de Henríquez leyendo parte de sus diarios, entrevistando a testigos e investigadores, visitando colecciones aún no abiertas al público, hablando durante mucho tiempo, mientras estuvo vivo, con su hijo Alfonso Federico —que tenía un parecido impresionante con su padre—, y escribiendo artículos sobre ello.

Consulté los documentos recogidos en las «Actas judiciales relativas a la muerte de Diego de Henríquez». Una masa de verbales, interrogatorios, deposiciones, partes médicos y pruebas. Como la bala encontrada alojada en la pared de la habitación donde había muerto el coleccionista. Y las fotografías, tomadas desde varios ángulos, de su cuerpo horriblemente carbonizado, encontrado por los bomberos enterrado entre cables eléctricos y escombros, deformado por el calor, en posición fetal, con los brazos y las piernas encogidos, casi como si hubiera querido defenderse, alejar de sí mismo hasta los últimos momentos de su vida aquel horror, aquel mal humano que siempre había tratado de controlar y dominar. Aún hoy soy de la opinión, cuestionable como cualquier testimonio no respaldado por pruebas o hechos, pero por lo demás ampliamente compartida, de que Diego de Henríquez fue asesinado porque había sorprendido a alguien hurgando entre sus hallazgos, probablemente estúpidos representantes de la extrema derecha de Trieste, que en aquella época rondaban a su alrededor atraídos por las armas y otros objetos militares.

O tal vez, como sugieren otras hipótesis, alguien quiso taparle la boca porque sabía algo inconveniente, algo con lo que habría tropezado en su incesante y a veces ingenuamente temeraria búsqueda de hechos, acontecimientos, vestigios, revolviendo en la caldera hirviente de la Historia.

Uno de los investigadores que más se tomó en serio el asunto, el capitán de los *carabinieri* Ferdinando Musella, me dijo en 1988, al final de sus largas pesquisas, que, si bien no había averiguado quiénes eran los posibles responsables de la muerte del coleccionista, había llegado a la conclusión probada de que el incendio en el que Henríquez murió quemado no fue accidental, sino deliberado. Quién sabe por qué.

En cualquier caso, en 1951, Diego de Henríquez se encuentra en el apogeo de su notoriedad ciudadana y de su acreditada actividad como incontenible estudioso y coleccionista. Y, cuando el joven Jacques Piccard pone pie en Trieste por vez primera, queda inmediatamente fascinado por aquel simpático y visionario señor de mirada alucinada que parece una enciclopedia viviente. Henríquez, a su vez, está encantado con el hijo del famoso Auguste Piccard y con su proyecto de un batiscafo capaz de alcanzar las inmensas profundidades del mar. Es una visión fantástica, y Henríquez se lanza a apoyar el proyecto de todas las maneras posibles. Lo hace también porque alberga ya el deseo de acoger algún día el futuro batiscafo en su museo.

«El profesor Henríquez —recordará Jacques Piccard— me paseó a lo largo y ancho de la ciudad refiriéndome la historia de cada edificio, la leyenda detrás de cada piedra podría decir, evocando el papel que la ciudad de Trieste había tenido en la historia, habiendo sido alternativamente romana, eruliana, ostrogoda, griega, lombarda, franca, veneciana, friulana, austriaca, española, francesa, alemana e italiana, añadiendo que soñaba con hacer de esta ciudad una encrucijada de mares y tierras en el confín entre el mundo occidental y oriental, un gran centro de cultura internacional, una base ultramoderna desde donde esperaba que algún día del nuevo milenio se lanzase el primer cohete a la luna». «Difícilmente podía ayudarlo —recordará más tarde Piccard—, ni siquiera seguirlo en todos sus proyectos, pero un buen día, en un abrir y cerrar de ojos, me ofreció elegir Trieste como base para la construcción de un nuevo batiscafo».

Durante la investigación y los contactos mantenidos para su tesis de licenciatura, Piccard había podido experimentar de primera mano la vitalidad del renacimiento industrial de Trieste después de la guerra, la pasión que el pueblo triestino ponía en cada actividad de su desarrollo económico y lo que él mismo definió como «el gusto por las grandes aventuras y la experiencia directa». En definitiva, sí, de hecho Trieste podía ser el lugar adecuado para reunir nuevos recursos para relanzar el proyecto del batiscafo de su padre, enredado desde hacía años en una maraña de obstáculos técnicos, burocráticos y administrativos entre Bélgica, Suiza y Francia.

«Algunos industriales —recordaría más tarde Jacques Piccard— respondieron al llamamiento del profesor Henríquez», y pronto, entre los fondos recaudados en Suiza, los del Fondo Nacional belga y de la Marina francesa, más los fondos recaudados «entre

Trieste y los italianos», el nuevo batiscafo pudo hacerse realidad. El casco se construyó en los astilleros de los Cantieri Riuniti dell'Adriatico de Monfalcone, y la nueva cabina presurizada destinada a alojar a dos exploradores se fundió en la acería de Terni.

La mujer del batiscafo

En Trieste, pues, Jacques mantuvo contactos y relaciones provechosas. Y para ello contó con la ayuda, entre otros, de una mujer, Yolanda Versich, joven secretaria del gran industrial austriaco Franz Kind.

Conocí a Yolanda Versich pocos meses después de la muerte de Jacques Piccard, ocurrida el 1 de noviembre de 2008. Tras el fallecimiento de Piccard, durante algunas semanas Yolanda debió de albergar en su interior la voluntad de hacer pública su historia. Ya anciana, quería que el recuerdo de su amistad con Piccard, la memoria de una larga relación que no dejó rastro ni en los archivos ni en los libros de historia, no quedara completamente olvidada.

En el gran libro de la existencia de cada uno de nosotros hay al menos un capítulo menos leído que los otros o incluso no escrito, a menudo secreto. Un texto que habla de afectos, sucesos, encuentros, coincidencias, algunas veces dramas. Una historia que, sin embargo, está destinada a esfumarse con el tiempo, como si las palabras, las imágenes, las señales y los testimonios de aquella vivencia que para nosotros ha sido tan importante, a veces decisiva para orientar nuestro destino, no pudieran hacer nada más que disolverse en un polvo indistinto.

Tras la muerte de Jacques Piccard, y las necrológicas en los medios de todo el mundo por el fallecimiento del gran explorador, Yolanda Versich, a sus ochenta y siete años, quería que su historia, una historia tan pequeña y tal vez insignificante para la gran Historia, pero que para ella era tan importante, se hiciera pública para no caer en el olvido.

Después de haber escrito para mi periódico, tras la muerte de Piccard, un artículo que recordaba la aventura del batiscafo Trieste, en marzo de 2009, recibí una llamada telefónica en la redacción de una conocida. Me dijo que una amiga suya, Yolanda Versich Agoral, alojada temporalmente en su casa, tenía algo que contarme sobre aquella embarcación.

Fui a verla. Me recibió en el apartamento de nuestra amiga común, cerca de Via Commerciale, una casa elegante con un balcón que ofrecía una amplia panorámica del golfo. Llevaba consigo algunos viejos papeles y un par de álbumes de fotografías. Era una mujer alegre, enérgica, a pesar de su edad, y muy irónica. Su vida, que sabía que estaba llegando a su fin, había sido plena y vivida con intensidad. Una vigorosa galopada por el mundo.

A quienes viven así, normalmente no les gusta hablar demasiado de sí mismos. Fue lo que tenía que ser, hubo momentos hermosos y preciosos, otros tristes que a veces tuvieron un coste, pero realmente no es necesario proclamarlo a voces, repiten a menudo quienes han vivido fagocitando alegrías y tristezas, remordimientos y arrepentimientos. Sin embargo, Yolanda sabía que aquel capítulo de su vida era diferente, porque al vivirlo había tocado algo grande, así que ahora había llegado el momento de darlo a conocer. Nos sentamos en el sofá, saqué mi libreta y Yolanda empezó a contarme su historia.

Nacida en Pula (Istria), hoy Croacia, en 1922, y tras una infancia y juventud transcurridas entre la isla de Susak, también en Croacia, y Belgrado, en Serbia, Yolanda Versich llegó a Trieste en 1947 siguiendo la oleada de refugiados italianos que abandonaron sus tierras, cedidas a Yugoslavia. Aquí ingresó como secretaria e intérprete en la Policía Civil, la fuerza de seguridad pública creada por el Gobierno Militar Aliado siguiendo el modelo de la policía colonial británica, con la tarea de mantener el orden y la legalidad en la Trieste ocupada. Yolanda trabajará en las oficinas del Gobierno Militar Aliado durante un año, tras lo cual se traslada a Milán, donde encontrará empleo como secretaria personal de Franz Kind, el empresario austriaco de origen judío que había fundado la famosa refinería Aquila de Trieste en 1934. Se trataba de una planta industrial estratégica que, tras los daños y desastres causados por los bombardeos aliados, renacía ahora gracias a una inversión de 2500 millones de liras, en parte con fondos de la Ley de Cooperación Económica y en parte con el apoyo del Comitato Italiano Petroli. En Milán, Kind, con la empresa Condor, estaba trabajando en la construcción de la refinería de Rho, que abriría sus puertas en 1953. «Kind —me dijo Yolanda— guardaba su coche en el garaje del Hotel Príncipe, donde solía alojarse cuando iba a Milán, y yo, con su permiso, lo aprovechaba todos los fines de semana libres para venir a Trieste». Y fue en una de estas ocasiones cuando Yolanda conocerá a Jacques Piccard.

Estamos en 1950, Piccard se aloja también en el Príncipe, pero debe ir a Trieste para trabajar en su tesis. Está buscando a alguien que lo pueda llevar, si es posible, y el conserje del hotel le señala a Yolanda. Ella no tiene idea de quién es el joven extranjero educado y larguirucho, pero se ofrece a llevarlo.

Durante el viaje en coche a Trieste, me cuenta Yolanda, «nos hicimos amigos, y Jacques me habló del gran deseo de su padre, Auguste Piccard, de construir un batiscafo para llevar a cabo estudios en las grandes profundidades del mar. Pero también añadió que el sueño seguiría siendo tal si no se encontraban otros medios financieros para realizarlo». Yolanda quedará impresionada por esa idea, y una vez que llegan a Trieste llama a Diego Guicciardi, director general de L'Aquila, futuro presidente de la Shell, y le ruega que aloje al joven Jacques en la habitación de invitados de la refinería de Trieste. «Pues bien —me dijo Yolanda—, Jacques permaneció como huésped durante todo un año y yo tuve todo el tiempo, a través de Kind, para poder colaborar en la búsqueda de financiación para la construcción del batiscafo. Llamé a toda Italia, envié carta tras carta, moví a todos los conocidos posibles usando el nombre de Kind».

Mientras el barco iba tomando forma, en 1952 el viejo Auguste Piccard se reunió con su hijo en Trieste. «Quería conocerme —me dijo Yolanda— y me dijo que, en agradecimiento por lo que había hecho, quería bautizar el batiscafo con mi nombre.

Me sentí halagada, pero le rogué que no lo hiciera porque, entre otras cosas, todo el mundo pensaría que era por la princesa Yolanda de Saboya, y no era el caso. Le sugerí que lo bautizara, más bien, con el nombre de la ciudad que había hecho posible su nacimiento: Trieste».

Ese día de marzo de 2009, Yolanda me mostró unos papeles que traía consigo. Uno de ellos era un viejo telegrama amarillento, el mensaje enviado por Jacques Piccard tras la hazaña en la fosa de las Marianas: «Felicidades, Yolanda, sin ti nunca hubiéramos logrado construir el barco, siempre has creído en él y en su destino».

La amistad entre Yolanda Versich y Jacques Piccard durará toda la vida. Ella se fue a vivir a Nueva York, pero pasaba el invierno en Florida «donde Jacques —me dijo— tenía un contrato como consultor científico con la Marina de los Estados Unidos». Cuando Jacques se casó, Yolanda se hizo amiga de su esposa Marie Claude, «y para su hijo Bertrand, yo fui y seguiré siendo "tía Yolanda"». A propósito de Bertrand Piccard: en 1999 será el primer hombre en dar la vuelta al mundo sin escalas en el globo Orbiter 3.

En cuanto a Jacques, seguirá trabajando durante mucho tiempo en la exploración del mundo submarino. En 1969, con el *mesoscafo* Ben Franklin se dejó llevar por la corriente del golfo en un viaje submarino sin escalas de mil quinientas millas. La idea del *mesoscafo*, un barco capaz de navegar bajo el agua durante mucho tiempo y a no más de mil metros de profundidad, se le había ocurrido a Auguste años antes, concretamente el 2 de octubre de 1953, mientras regresaba con su hijo Jacques después de haber realizado dos días antes la sexta inmersión de prueba del Trieste en el mar Tirreno, donde padre e hijo habían alcanzado los 3150 metros de profundidad. En la popa del remolcador Tenace que devolvió el Trieste al puerto, Jacques y Auguste reflexionaban sobre el hecho de que adentrarse tan profundamente en el mar era justo, por supuesto, pero, al final, tal vez hubiera resultado aburrido. «No es necesario descender cada día a 3000 u 11 000 metros —le dijo Auguste a su hijo, como recordará Jacques—. Algunos de los trabajos más útiles, importantes y rentables, desde el punto de vista científico, pueden realizarse a unas pocas decenas o centenares de metros de profundidad. [...] Quisiera dar —prosiguió su padre— a ese nuevo vehículo el nombre de *mesoscafo*, con la intención de subrayar que se trata de un barco para profundidades medias». Así pues, una vez archivada la aventura del batiscafo Trieste, nació el *mesoscafo* Ben Franklin, que llevó a Jacques Piccard a viajar bajo el mar como el capitán Nemo. Si bien mucho menos de las veinte mil leguas —equivalentes a sesenta mil millas náuticas—, de todos modos, también por un buen trecho de océanos.

En el apartamento de Trieste con vistas al golfo, aquel día de marzo de 2009, Yolanda me mostró las fotografías de los álbumes que había traído consigo con las fotos tomadas en casa de los Piccard, en el jardín, durante las barbacoas..., documentos de una amistad duradera que el tiempo no había desvanecido.

En cierto momento, con la cautela irreverente del periodista, le pregunté si se había acostado con Jacques Piccard. Ella sonrió, bajó la vista y luego dijo: «Pero qué ocurrencia, qué va, éramos solo amigos». «Era un amigo —añadió, tras una breve pausa llena de melancolía—, un hombre lleno de ideas y un querido amigo con el que fue muy hermoso compartir un gran sueño».

En el abismo

Finalmente, el 16 de agosto de 1953, cuando todavía todo estaba por suceder, el nuevo batiscafo con el nombre de la ciudad que lo vio impreso en la torreta realizó una primera inmersión de prueba en las aguas de Capri. Y unas semanas más tarde, el 30 de septiembre, en poco más de dos horas, de 8:18 a 10:40, el barco con Auguste y Jacques Piccard a bordo descendió a una profundidad de 3150 metros en la fosa del mar Tirreno frente a la isla de Ponza.

Fue un récord absoluto. Nadie hasta entonces había logrado llegar a aquella profundidad con un submarino autónomo. El récord anterior pertenecía al explorador y naturalista William Beebe, gran pionero del mundo submarino que había alcanzado una profundidad de 923 metros a bordo de una batisfera conectada por un cable al barco de apoyo.

Tres años después de la primera inmersión, en 1956, el Trieste alcanzó una profundidad de 3800 metros en una fosa abisal, también frente a la costa de la isla de Ponza. A bordo iban Jacques Piccard y el geólogo italiano Alfredo Pollini.

A este punto, había llegado el momento de dar el gran salto a los abismos más profundos. La fama de los exploradores suizos y del barco construido en Italia cruzó rápidamente el Atlántico para desembarcar en América. En 1957, Estados Unidos envió a un equipo de oceanógrafos a Nápoles. Al año siguiente, tras una última serie de inmersiones de prueba en el Mediterráneo con la participación de un nutrido grupo de científicos estadounidenses, la Marina de los Estados Unidos decidió adquirir el batiscafo Trieste, que fue trasladado de Nápoles a San Diego, en California.

El objetivo principal del proyecto seguía siendo el mismo: alcanzar y explorar el punto más profundo de los océanos. Después de otros dos años de entrenamiento y pruebas, en enero de 1960 llegó, por fin, el momento de la gran aventura.

El mapa geográfico del mundo submarino muestra una inmensa cadena montañosa sumergida en el océano Pacífico que se extiende a lo largo de cuatro mil kilómetros. Algunos picos de esa cadena salen a la superficie y forman las islas Izu, las Ogasawara, las Marianas y, más al sur, las Carolinas. La isla de Guam es la más meridional y todavía alberga una base militar estadounidense. Seiscientas millas al suroeste de Guam se encuentra Challenger Deep, el punto más profundo del planeta.

El batiscafo Trieste fue trasladado a Guam y, desde allí, tras cuatro días de navegación, arrastrado por remolcadores escoltados por las unidades de apoyo de la Armada estadounidense Wandank y Lewis, llegó al punto establecido. La navegación no era fácil. El Trieste, cargado de lastre, apenas emergía de la superficie del agua, y el mar embravecido dificultaba el remolque del barco. Incluso encontrar el lugar exacto para la inmersión no resultó sencillo. La fosa marina más profunda no es muy ancha, tiene solo siete kilómetros por dos, existe el riesgo de que el batiscafo no encuentre el fondo y acabe estrellándose en las laderas de las grandes montañas sumergidas.

Y se presentó otra dificultad adicional: el barco de apoyo Lewis no conseguía medir bien la profundidad con la sonda, la señal se perdía en el abismo. Se ideó entonces un sistema empírico: desde la nave se arrojaron al agua ochocientas granadas. Después de un largo trabajo, el eco de las explosiones permitió finalmente delimitar la zona más precisa en la que sumergirse.

Por fin el batiscafo Trieste está en posición, listo para la gran empresa. Es el 23 de enero de 1960, han sido necesarios treinta años para llegar a este momento.

Jacques Piccard y el teniente de la Armada estadounidense Don Walsh suben a la cubierta del barco batido por las olas. Antes de que Piccard cierre la escotilla de la torreta, se asoma Giuseppe Buono, a quien Piccard quería llevar consigo a toda costa, debido a la gran sintonía y amistad que se había consolidado entre ellos: «¡Hasta la vista, señor, buena suerte!», les grita en italiano Buono a los acuanautas, una fórmula que debería ser de buen auspicio, una especie de conjuro reiterado en más de sesenta inmersiones de prueba.

Entretanto llega un mensaje al barco de apoyo. Lo recibe el director de la misión, el científico Andreas «Andy» Rechnitzer. El mensaje dice que el programa que financia el Trieste ha sido cancelado, la misión queda suspendida, que deben regresar. Rechnitzer se toma un poco de tiempo para pensar. Deambula por el barco y entra en la sala de oficiales para tomar un café. Abajo, en el batiscafo, Jacques y Don realizan los últimos controles antes de la inmersión. Andy Rehnitzer piensa que sí, que debe responder, que debe advertir, porque es su deber. Bebe otro sorbo de café.

A las 8:23 el batiscafo Trieste inicia su largo descenso hacia lo desconocido. Rechnitzer decide responder al despacho: «Misión imposible», comunica, «el Trieste supera ya los 3000 metros de profundidad».

En realidad, al inicio de la inmersión, el barco parece descender demasiado despacio. Después de cuarenta minutos, Piccard y Walsh todavía están a 240 metros de la superficie. Bajan a una velocidad de diez centímetros por segundo. Muy poca para llegar al fondo y realizar el ascenso el mismo día.

El Trieste se ve frenado por corrientes de agua fría, por tanto más densa, la termoclina oceánica, una especie de barrera invisible sobre la que casi rebota el batiscafo. Piccard descarga un poco de gasolina, el batiscafo pasa la termoclina y el descenso se reanuda con más velocidad.

A las 9:20, Piccard y Walsh se encuentran a menos 735 metros. La temperatura del agua ha bajado de 29 grados centígrados en la superficie a 10 grados. Fuera del ojo de buey, la oscuridad es absoluta. La presión externa comprime la gasolina y el sumergible aumenta su velocidad. A las 9:29 están a menos 1280 metros; a las 9:37, a menos 1750.

A través del interfono inalámbrico, Piccard establece contacto con la nave de apoyo Wandank, que está casi a 2000 metros más arriba. Le pregunta a su fiel Giuseppe Buono si todo ha ido bien tras la inmersión, y el técnico napolitano lo tranquiliza: «Todo está bien, señor».

A las 10:20, el batiscafo supera los 4100 metros de profundidad. Poco a poco se van batiendo todos los récords de profundidad anteriores, incluido el último, de 7000 metros, establecido por los propios Piccard y Walsh solo quince días antes.

La oscuridad es absoluta. El mar profundo es una noche límpida y oscura, interrumpida de vez en cuando por los rápidos y repentinos destellos del plancton. Ningún ser humano ha cruzado jamás ese umbral, nadie ha experimentado nunca lo que significa entrar en una dimensión tan extrema.

En la estrecha cabina esférica del batiscafo los dos acuanautas están concentrados y atentos. Empieza a hacer frío, Piccard y Walsh todavía tienen la ropa mojada por las olas que los embistieron antes de sumergirse. Les castañetean los dientes, no les queda ropa de repuesto, la única fuente de calor son los paneles de soda y cal que purifican el aire absorbiendo dióxido de carbono, una reacción química exotérmica que proporciona cierto alivio a los dos hombres.

El silencio lo rompen las voces del diálogo entre los barcos de apoyo en la superficie. Las palabras resuenan metálicamente en la cabina, distorsionadas por una distancia que parece infinita.

A las 11:24, Walsh presiona dos veces el botón de llamada del interfono. Es la señal de que todo va bien. Han establecido que un número par de señales significa que todo procede bien; un número impar, una llamada de socorro. Aunque nunca quedó claro qué podían hacer desde la superficie en caso de emergencia.

Una vez superados los 7000 metros de profundidad, Piccard y Walsh están seguros de estar en el lugar correcto, porque la profundidad media de las fosas del Pacífico no supera los 6000 metros.

Cuanto más bajan, más velocidad adquiere el Trieste. Para evitar caer al fondo, Piccard descarga más lastre. Ya ha descargado cuatro toneladas y ahora fija la velocidad de descenso en 30 centímetros por segundo. Para no llegar demasiado rápido al fondo, el batiscafo también está equipado con un cable guía de acero grueso y pesado que cuelga de la popa y que el padre de Jacques bautizó como «cola de caballo». El cable funciona como un freno: al tocar primero el fondo, aligera el peso total de la embarcación hasta detener el vehículo suspendido. Para bajar más, basta rebobinar el cable con un cabrestante.

La inmersión parece no acabar nunca. «¿Está seguro de que no hemos ido más allá del fondo?», bromea el teniente Walsh con su compañero.

Una vez más abajo de los 10 000 metros, el mundo silencioso del abismo parece invadir también la cabina del Trieste. Aparte del silbido del aire que sale de las botellas, el silencio es total. Apretujados en la cabina esférica, los dos tripulantes miran la oscuridad por la ventanilla. El agua, que tiene una temperatura de poco más de dos grados, es tan clara que la luz de los faros se dispersa hasta una distancia inalcanzable.

De pronto, un estrépito sacude el batiscafo. Piccard y Walsh se quedan sin aliento durante unos segundos interminables. Posteriormente, se descubrirá que ha explotado un panel de plexiglás, montado en el exterior del flotador: el plexiglás no pudo soportar la presión y se separó del soporte metálico, rompiéndose repentinamente. Pero el Trieste no ha sufrido más daños, y su descenso continúa. A las 12:56, aparece una línea oscura en la sonda, señal de que el barco se acerca a algo. Piccard descarga más lastre, hasta que el batiscafo se detiene en una posición en delicado equilibrio.

De pronto, a la luz de los focos se ve claramente el fondo, una extensión de arena amarillenta que se pierde en la noche abismal. El cable guía, que era el que había frenado el descenso, se rebobina lentamente; y a las 13:06 horas del 23 de enero de 1960 el Trieste alcanza el punto más profundo de la Tierra.

Walsh presiona el botón del interfono cuatro veces para anunciar el éxito de la hazaña y luego establece contacto con la superficie. «Aquí Trieste, nave Wandank, ¿podéis oírme, Wandank, ¿me oís? Hemos tocado el fondo». La voz confiada a las ondas sonoras tarda catorce segundos en viajar de un dispositivo a otro. Desde el barco responden con gritos de júbilo.

Como si hubieran llegado a otro planeta de la galaxia, Piccard y Walsh miran por la portilla con curiosa avidez. Ven un pez plano, de treinta centímetros de largo, con dos grandes ojos en el lomo que pasa rápidamente. Poco después, una pequeña gamba también pasa por delante del ojo de buey. Hay vida, pues, ahí abajo. A pesar de la oscuridad perpetua, el frío y una presión que supera las mil atmósferas a la que parece que ningún ser vivo puede resistir, a pesar de las condiciones prohibitivas, la vida no se detiene ni siquiera en los abismos más oscuros y profundos.

Apagan los faros y se dejan tragar por la oscuridad. De vez en cuando aparecen débiles rastros luminiscentes fuera del ojo de buey, breves pulsaciones de seres extraños y desconocidos.

Poco después, el Trieste comienza a ascender, primero lentamente y luego adquiriendo velocidad. A las 16:56 horas, tras tres horas y diecisiete minutos de viaje hasta la superficie, el barco emerge.

Piccard y Walsh salen exultantes de la torre. Walsh arroja al mar una bandera de Estados Unidos con lastre que se posará en el fondo de las Marianas.

Tras su regreso a Guam, después de la hazaña, los dos exploradores de aguas profundas se dirigen primero a San Diego y luego a Washington, donde el 9 de febrero serán recibidos en la Casa Blanca por el presidente Eisenhower, quien les entrega una honorificencia. «La hazaña del Trieste —dirá

Eisenhower— ha abierto el camino a nuevas investigaciones oceanográficas y ha descubierto a la humanidad la mayor región del planeta aún inexplorada».

Tendremos que esperar hasta 2012 para ver cómo se repite el *exploit*. El 7 de marzo de ese año, el director James Cameron alcanzó una profundidad de 10 894 metros en la fosa de las Marianas con el submarino Deepsea Challenger, construido por un equipo australiano. Las mediciones más recientes, realizadas en 2011, sitúan la profundidad máxima a menos 10 916 metros.

En cuanto al batiscafo Trieste, después de la operación será modificado por la Marina militar y realizará algunas misiones más. Entre ellas figura la búsqueda —entre 1963 y 1964— del submarino nuclear estadounidense Thresher, que se había hundido con toda su tripulación, 129 hombres, el 10 de abril de 1963 frente a las costas de Nueva Inglaterra, por razones nunca aclaradas del todo, y que fue encontrado por el Trieste a 2570 metros de profundidad partido en dos. En 1966, el Trieste será retirado y consignado a la memoria histórica. Hoy reposa expuesto en el Museo Naval de Washington. En Italia, en el Museo de la Guerra por la Paz «Diego Henriquez» se conservan algunos documentos, diseños y artículos que recuerdan la colaboración entre el coleccionista y Piccard.

En el fondo más hondo

Don Walsh falleció con 92 años el 12 de noviembre del 2023, pocos meses después de que yo hubiera acabado de escribir este libro. Vivía en una hermosa y cómoda casa en el campo en Oregón. En 2016, en una entrevista que mantuvo con el escritor y biólogo Bill Streever, dijo que no existía una definición real de abismo. «El término *abismo* —explicó— transmite una idea, una sensación de extrañeza. Es más profundo que tu bañera; pero, más allá de eso, es una definición relativa. Más literaria que real. Si dices que trabajas en la zona adopelágica, la gente sabe que te refieres a profundidades superiores a los 6000 metros, mientras que si dices que trabajas en el abismo dejas espacio a la imaginación de tus interlocutores».

Reflexiono sobre esas palabras mientras camino por el paseo marítimo en un día gris de enero. Miro el espejo tranquilo del mar, el golfo de Trieste, el gran charco, como me gusta llamarlo por su poca profundidad, y es curioso pensar cómo este mismo mar fue el que vio nacer una máquina que logró superar el fondo más profundo que existe. Don Walsh tiene razón, cada uno tiene su propio abismo.

Ha pasado un año desde la expedición a Yibuti para estudiar los tiburones ballena, han pasado tres años desde el inicio de la pandemia mundial, once meses desde el comienzo de la guerra en Ucrania. Y, mientras me dispongo a partir hacia el atolón Fuvahmulah en las Maldivas para una nueva expedición del Shark Study Center, esta vez centrada en la observación de tiburones tigre, alguien que no soy yo me llama al orden.

Los abismos están dentro de nosotros, me dice, tenemos el deber de explorarlos en la medida de lo posible, lanzar sondeos y encender faros para arrancarle a la oscuridad aquellos significados que siempre se nos resisten. Debemos explorar el laberinto de conexiones humanas y la red de responsabilidades que nos ligan los unos a los otros, tanto en la superficie como en los mundos subterráneos. Será verdad. Pero no significa que siempre sea así.

Rebeca/Aletarrota se ha alejado. Esta mañana, antes de bajar a dar una vuelta por el paseo marítimo, he echado un vistazo a la posición de mi tiburón vengador. El satélite conectado a la aplicación del brazalete —Track Your Shark!— en la pequeña pantalla del *smartphone* me lo mostró muy lejos, mucho más allá del estrecho de Gibraltar. Salió hace algún tiempo del Mediterráneo, cruzó el océano y ahora se encuentra en el mar al sur de California. En el mapa, el trazado del seguimiento dibuja una figura compleja, los viajes del Gran Tiburón Blanco son una especie de telaraña tan remota en el mapa que creo que puedo respirar tranquilo.

Mi tiburón justiciero me concede una tregua, tal vez me esté dando otra oportunidad. Creo que tarde o temprano me encontrará y me las hará pagar. Pero, mientras tanto, como representante de la especie *Sapiens,* sembradora de mal y de dolor por los cuatro costados del planeta, todavía puedo intentar hacer todo lo que pueda para evitar más problemas para mí y para los demás. Quizás debería escuchar más a aquellos que no son yo. Y a las sirenas cuando me las encuentro, ya sea en una cueva inundada o bajo el mar. Saben, para bien o para mal, cómo son realmente las cosas de los humanos.

Falta un cuarto de hora para el mediodía. Alguien que no soy yo me dice que ya es hora de emerger a la superficie. Dejo la orilla del mar, la extensión de agua gris acariciada por la niebla de enero bajo la cual se arremolinan miles y miles de historias, y me encamino lentamente hacia otra parte.

Trieste, enero 2023

Fuentes y bibliografía

Andrani, N. (2021-2022): *Fotoidentificazione, laserfotogrammetria e osservazioni dei comportamenti alimentari di una popolazione di squalo balena Rhincodon typus (Smith, 1828) nel golfo di Tadjour, Djibouti*, La Sapienza, Università di Roma.

Antier, J.-J. (1969): *Storia del sottomarino. Dai primi esperimenti di Fulton (1798) ai sottomarini nucleari*, Sugar, Varese.

«Atlantide II», en *Mondo Sommerso*, n.° 12, 1970.

A Wartime Tribute - William Bailey CBff, DSC, GM and BAR 1918-1985, mcdoa.org.uk.

Barca, L. (2001): *Buscando per mare con la Decima Mas*, Editori Riuniti, Roma.

Battistelli, P. P. (2000): «Junio Valerio Borghese», en *Uomini e scelte della Rsi*, ed. de Fabio Andriola, Bastogi, Foggia.

Bellmunt, F. (Director) (1992): *Monturiol, il signore del mare*. Fair Play Producciones S. A., España.

Bellomo, D. y F. Vitale (1999): *I viaggiatori degli abissi. Storia della subacquea*, Arca, Trento.

Bertucci, A. (1995): *Guerra segreta oltre le linee. I «Nuotatori Paracadutisti» del Gruppo Ceccacci (1943-1945)*, Mursia, Milano.

Blasoni, M. (2013): «Luciano Mecarozzi. Dall'Operazione Atlantide all'Ecuador», en *Vite di friulani*, vol. 6, Aviani & Aviani, Udine.

Bogatsvo, J.; Dumas, F. y J.-A. Louli (1976): *Sotto gli oceani*, Ferni, Ginevra.

Bordogna, M. (1995): *Junio Valerio Borghese e la Xa Flottiglia Mas*, Mursia, Milano.

Borghese, J. V. (1971): *Decima Flottiglia Mas*, Garzanti, Milano.

Buffa, P. (2014): «Delfino 1 e Delfino 2. Primo esperimento italiano di vita subacquea in saturazione», en *Hds Notizie*, numero especial, a. XIX.

Burul, E. (2019): *La donna del batiscafo Trieste* (programa radiofónico), dirección de Stefania de Maria, Radio Rai Friuli Venezia Giulia.

«Calorose accoglienze di Londra ai compagni Bulganin e Krusciov», en *L'Unità*, 19 de abril de 1956.

Cappellini, A. (1947): *Torpedini umane contro la flotta inglese*, Edizioni Europa, Milano.

Capriotti, F. (2002): *Diario di un fascista alla Corte di Gerusalemme 1948-2002*, s. f., s. l.

Carioti, A. (2008): *Gli orfani di Salò. Il «Sessantotto nero» dei giovani neofascisti nel dopoguerra 1945-1951*, Mursia, Milano.

Cocchis, R.: *La misteriosa scomparsa di Lionel Crabb: l'uomo-rana della Guerra Fredda,* vanillamagazine.it.

Coletti, D. (Director) (1953): *I sette dell'Orsa maggiore.* Ponti De Laurentiis Cinematografica, Italia.

Cosenzi, A. (Coord.) (27 de abril de 2011): *Obiettivo Henriquez: l'uomo, la guerra, il museo,* Trieste. Disponible en lionsclubtriestesangiusto.files.wordpress.com.

«Crabb è in servizio nella marina russa», en *Il Piccolo,* 29 de mayo de 1960.

«Lionel Crabb prigioniero di un sottomarino sovietico?», en *Il Gazzettino,* 25 de julio de 1959.

«Lionel Crabb, una vita vissuta pericolosamente», en ocean4future.org.

Cussler, C. (1997): *Cacciatori del mare,* Longanesi, Milano.

—(2005): *Navi fantasma,* Longanesi, Milano.

Death of Commander Crabb RN, naval diver in Portsmouth harbour during visit of naval ships from Soviet Union, Catalogue reference: FO 371/122885, National Archives, Kew, Richmond, 1956.

De Robertis, F. (Director) (1954): *Mizar (Sabotaggio in mare).* Film Costellazione, Italia.

—(1957): *La donna che venne dal mare.* Film Costellazione, Saitz Film, Film Tellus, Italia.

Diolé, P. (1953): *L'avventura sottomarina,* Einaudi, Torino.

Di Vito, L. y M. Gialdroni (2009): *Lipari 1929. Fuga dal confino*, Laterza, Roma-Bari.

Dugan, J. (1957): *L'uomo sotto il mare*, Garzanti, Milano.

Falanga, G. (2021): *La diplomazia oscura. Servizi segreti e terrorismo nella Guerra fredda*, Carocci, Roma.

Garano, M. (octubre-noviembre 1969): «Operazione Atlantide nel lago di Cavazzo», en *Friuli nel mondo*.

Giacché, F. (2000): *Teste di rame. In viaggio con i palombari*, Ireco, Rimini.

Giardini, C. (1944): *Il libro del mare*, Utet, Torino.

Halupca, E. (2019): *Il Trieste*, Accademia degli Incolti-Italo Svevo, Trieste.

Hass, H. (1944): *Fra squali e coralli. Avventure nel Mar Caraibico*, Mediterranea, Roma.

—(1952): *Manta. Il diavolo del Mar Rosso*, Aldo Martello Editore, Milano.

Hass, H. y W. Katzmann (1978): *Guida del subacqueo. Il Mediterraneo*, Garzanti-Vallardi, Milano.

Hass, L. (2019): *Una ragazza sul fondo del mare*, a cura di Rossella Paternò, Magenes, Milano.

Hastings, M. (2020): *La guerra segreta*, Beat Edizioni, Vicenza.

Hezlet, A. R. (2018): *Storia dei sommergibili. La guerra subacquea dalle origini all'era atomica*, Odoya, Bologna.

Hutton, J. B. (1961): *Crabb est-il vivant? (Frogman extraordinary)*, Presses Internationales, Paris.

—(1969): *La spia che venne dal mare*, Le Edizioni del Borghese, Milano.

«Il primo villaggio in fondo al mare. La fantastica avventura degli uomini del comandante Cousteau: un mese sott'acqua, lavorando e «viaggiando», senza mai risalire alla superficie», en *Epoca*, n.° 698, 22 de septiembre de 1963.

Leonviola, A. (Director) (1954): *Siluri umani*. Ponti De Laurentiis Cinematografica, Italia.

Le operazioni della Decima Flottiglia Mas, anaim.it.

Lineaweaver III, T. H. y R. H. Backus (1977): *Il libro degli squali*, Mursia, Milano.

Liva, G.: *Operazione Atlantide: l'assurdo esperimento subacqueo in un lago del Friuli*, vice.com.

Mecarozzi, L. (1969): *Programma «Atlantide»-Prima fase*, Sezione Sperimentale Ricerche Subacquee del Centro Italiano Soccorso Grotte, Lago dei Tre Comuni o di Cavazzo.

Medeossi, P. (12 de diciembre de 2020): «Addio a Mecarozzi, fondatore di Radio Effe», en *Messaggero Veneto*.

Micarelli, P. (2021): *Lo squalo bianco*, libreriauniversitaria.it, Limena.

Monturiol, N. (1860): *Memoria sobre la navegación submarina, por el inventor del Ictíneo ó barco pez*, Establecimiento Tipográfico de Narciso Ramirez, Barcelona.

—(2010): *Ensayo sobre el arte de navegar por debajo del agua*, Editorial Maxtor, Valladolid (1.ª ed. Barcelona 1891).

Mucedola, A.: *Il contributo dei reduci della X.a MAS e lo sviluppo dei mezzi subacquei per la marina israeliana*, ocean4future.org.

Nesi, S. (1997): *Decima Flottiglia nostra...*, Mursia, Milano.

Norton, T. (2000): *I pionieri degli abissi*, Piemme, Casale Monferrato.

Orizio, R. (25 de noviembre de 2022): «Gibuti - Tesori, traffici (e basi militari) nell'ombelico del mondo», en *Corriere della Sera - Sette*.

Ottolenghi, G. (9 de marzo de 2022): *La marina militare italiana aiutò quella d'Israele*, lincontro.news.

Paglia, A. (2008): *Marina italiana & cinema*, Strategy & People, San Vito di Cadore.

Paternò, R. (septiembre de 2017): «Hotel con vista sotto il mare al servizio dell'educazione ambientale. Hans Hass: dalla Caccia subacquea alla consapevolezza della protezione dei mari», en *Hds Notizie*, a. XXII, n.° 62.

Piccard, J. (1971): *Il sole sotto il mare. 1500 miglia in mesoscafo nella Corrente del Golfo*, Mursia, Milano.

—(1961): *Profondeur 11 000 mètres. L'histoire du bathyscaphe Trieste*, Arthaud, Bellegarde.

Pompei, B. (2008): *Eugenio Wolk «Lupo» comandante dei Gamma della X Mas*, Ritter, Milano.

PUGH, M. (1957): *Commander Crabb,* Les èditions du jour, Paris.

RAINERO, R. H. (1989): *Raffaele Rossetti. Dall'affondamento della Viribus Unitis all'impegno antifascista,* Marzorati, Settimo Milanese.

RAMBELLI, F. (2006): *Subacquea. Gocce di storia,* La Mandragora, Imola.

—(septiembre de 2018): «Habitat subacquei (quelli italiani 1919-2007)», en *Hds Notizie,* a. XXIII, n.° 65.

RAMBELLI, F. (Coord.) (2008): *Immersioni. Storie, tecniche, esplorazioni riemerse dal mare del passato,* La Mandragora, Imola.

REINERO, F. R. Y S. RICCARDO (2020): *Shark Secrets,* Areablu, Salerno.

RIBUSTINI, L. (2018): *Il mistero della corazzata russa. Fuoco, fango e sangue,* Luigi Pellegrini Editore, Cosenza.

ROSSETTI, R. (1925): *Contro la Viribus Unitis,* Libreria Politica Moderna, Roma.

SERENI, A. (2006): *I clandestini del mare,* Mursia, Milano.

SPANDRI, P. Y G. MAISANO (noviembre-diciembre 1971): «Desincronizzazione sperimentale del ritmo cortisolemico in sommozzatori», en *Clinica Europea-Attualità di medicina,* vol. X, n.° 6.

SPIGAI, V. (2022): *Cento uomini contro due flotte. La storia completa dei mezzi d'assalto,* Mursia, Milano.

SPIRITO, P. (2007): «Dicembre 1943: attacco al porto di New York», en *Rapidi e invisibili. Storie di sommergibili,* a cura di Alessandro Marzo Magno, il Saggiatore, Milano.

—(29 de marzo de 2009): «Yolanda, la donna che fece battezzare col nome di Trieste il batiscafo di Piccard», en *Il Piccolo.*

STEFANUTTI, P. Y D. TOMAT (marzo de 2010): «Atlantide in fondo al lago», en *La Panarie,* a. XLIII, n.° 164.

STEWART, M. (2004): *El sueño de Monturiol. La extraordinaria historia del inventor del submarino que quiso salvar el mundo,* Taurus, Madrid.

STREEVER, B. (2022): *Oceano profondo. Scienza, ecologia e avventura negli abissi marini,* Edizioni Edt, Torino.

TEGANI, U. (1931): *Viaggi nel mondo sommerso,* Mondadori, Milano.

TUZZI, C. (Director) (1966): *L'affare Crabb* [documental]. Rai Speciali «Storia sotto inchiesta», Italia.

VANOLI, A. (2022): *Storia del mare,* Laterza, Bari-Roma.

VIGANÒ, M.: «Guerra segreta sotto i mari», en *Storia del XX Secolo,* n.° 6 octubre, 7 noviembre, 8 diciembre 1995.

VITALE, F. (2012): *La conquista delle profondità. I palombari e le prime sperimentazioni delle immersioni profonde,* La Mandragora, Imola.

VITALE, F. Y G. BETRÒ (2009): *Palombari della Marina Militare Italiana,* La Mandragora, Imola.

WALDRON, T. J. Y J. GLEESON (s. f.): *Uomini rana,* Baldini & Castoldi, Milano.

WRIGHT, P. (1987): *Spycatcher: The Candid Autobiography of a Senior Intelligence Officer,* Viking, Harrisonburg (Virginia).

Agradecimientos

Deseo dar las gracias a todos los que me han ayudado, aconsejado y apoyado en la redacción de este libro, de cuyas eventuales inexactitudes, errores, imprecisiones y exclusiones soy el único responsable, como siempre. Doy las gracias a los amigos y socios de la Historical Diving Society Italia, en particular a Faustolo Rambelli, Fabio Vitale y Paolo Ferraro. Y también les doy las gracias a mis amigos y compañeros de buceo de siempre, Stefano «Nino» Caressa y Luigi Zannini, y a todo el grupo de trabajo de Frontiera Sommersa. Gracias también a Primo Micarelli y a Francesca Romana Reinero del Centro Studi Squali de Massa Marittima, a los exacuanautas Silvana Polese, Dino Barro, Renzo Dentesano, Renato De Piero, Franco Molinaro, Mario Ordiner y Antonio Solero, así como a Duilio Cobol, amigo e instructor de la sección speleosubacuática «I Serpengatti» del Club Alpinistico Triestino.

Este libro se terminó de imprimir el 20 de enero de 2025.
Gracias por el tiempo dedicado a su lectura.
Si quieres conocer otros libros publicados por
Punto de Vista Editores, visítanos en
puntodevistaeditores.com
También puedes seguirnos a través de
las redes sociales.

Historia y pensamiento

32. *Estética de la tragedia. La expresión de la muerte en el arte europeo del siglo* XX 2.ª ed.
GERMÁN PIQUERAS

33. *El absolutismo ilustrado y los pobres. Asistencia y represión en el Madrid del siglo* XVIII
JACQUES SOUBEYROUX

34. *Estímulo y censura. Una aproximación al sistema literario de la RDA*
IBON ZUBIAUR

35. *Leyendas de los mapas. Una lectura geopoética de la cartografía* 2.ª ed.
PEDRO GARCÍA MARTÍN
PRÓLOGO DE JULIO LLAMAZARES

36. *El laboratorio de la naturaleza. La montaña y la imagen del mundo desde el Renacimiento al Romanticismo*
PAOLA GIACOMONI
TRADUCCIÓN DE ÁLIDA ARES
PRÓLOGO DE EDUARDO MARTÍNEZ DE PISÓN

37. *Peajes de la crítica latinoamericana*
WILFRIDO H. CORRAL

38. *Sol. Mitos, historia y sociedades*
EMMA CARENINI
TRADUCCIÓN DE SALOMÉ LANDIVAR Y MELINA BLOSTEIN

39. *La memoria de Borges. Lectura, símbolos y ficción*
MIGUEL ANTÓN MORENO
PRÓLOGO DE FERNANDO CASTRO FLÓREZ

40. *Retratos con Federico*
SERGIO TÉLLEZ-PON

41. *Pensamientos*
BLAISE PASCAL
EDICIÓN Y TRADUCCIÓN DE MAURO ARMIÑO
PRÓLOGO DE FRANCESC TORRALBA ROSELLÓ

42. *Enemigos de Hitler. Juventud y resistencia en la Alemania nazi*
GUILLERMO GARCÍA DOMINGO

43. *Al desnudo. El cuerpo griego y romano*
CAROLINE VOUT
TRADUCCIÓN DEL INGLÉS DE AMELIA PÉREZ DE VILLAR

44. *Micropolítica del amor. Deseo, capitalismo y patriarcado*
MYRIAM RODRÍGUEZ DEL REAL, JAVIER CORREA ROMÁN

45. *Acoso y derribo. Pensamiento literario y disidencia política en la posguerra española*
SANTOS SANZ VILLANUEVA

46. *Ilusorias. Las imágenes del poder*
PEDRO GARCÍA MARTÍN
PRÓLOGO DE CARLOS GARCÍA GUAL

47. *Bukowski. Rey del underground*
ABEL DEBRITTO

48. *El monstruo como condición humana. Antropoceno y colapso de la civilización*
ADRIANO MESSIAS
TRADUCCIÓN DE JOSÉ LUIS SANSÁNS

49. *Mujeres silenciadas en el Renacimiento. 1. La corte, la Iglesia y los límites de la ortodoxia*
SANDRA FERRER

50. *Historias bajo el mar*
PIETRO SPIRITO
TRADUCCIÓN DE ÁLIDA ARES